"十二五"普通高等教育本科国家级规划教材

21世纪汉语言专业规划教材

专业基础教材系列

现 代 汉 语

（第三版）

上册

黄伯荣　李　炜　主编
刘街生　林华勇　主持修订

图书在版编目 (CIP) 数据

现代汉语. 上册 / 黄伯荣，李炜主编. -- 3 版. -- 北京：北京大学出版社，2025.6. -- (21 世纪汉语言专业规划教材). -- ISBN 978-7-301-36044-6

Ⅰ. H109.4

中国国家版本馆 CIP 数据核字第 20250AE797 号

书　　　名	现代汉语（第三版）上册 XIANDAI HANYU（DI-SAN BAN）SHANGCE
著作责任者	黄伯荣　李　炜　主编
策　　　划	杜若明
责 任 编 辑	唐娟华
标 准 书 号	ISBN 978-7-301-36044-6
出 版 发 行	北京大学出版社
地　　　址	北京市海淀区成府路 205 号　100871
网　　　址	http://www.pup.cn　新浪微博：@北京大学出版社
电 子 邮 箱	zpup@pup.cn
电　　　话	邮购部 010-62752015　发行部 010-62750672 编辑部 010-62767349
印 　刷 　者	河北博文科技印务有限公司
经 销 者	新华书店 650 毫米 ×980 毫米　16 开本　14 印张　209 千字 2012 年 3 月第 1 版　2016 年 1 月第 2 版 2025 年 6 月第 3 版　2025 年 6 月第 1 次印刷
定　　　价	49.00 元（含数字教材）

未经许可，不得以任何方式复制或抄袭本书之部分或全部内容。
版权所有，侵权必究
举报电话：010-62752024　电子邮箱：fd@pup.cn
图书如有印装质量问题，请与出版部联系，电话：010-62756370

专家审订委员会

陆俭明　冯志伟　黎运汉　傅雨贤
陈炜湛　张志毅　张庆云

编辑委员会

主　　编　黄伯荣　李　炜
副 主 编　刘街生　林华勇
特约审稿　王　勤　林　端　刘小南　邵霭吉
执　　笔（按参编单位排列）

中山大学：黄伯荣　李　炜　刘街生
　　　　　林华勇　杨泽生　杨敬宇
　　　　　邓小宁　范常喜　吴吉煌
　　　　　李　蕊
暨南大学：匡小荣　盛永生　李丹丹
青岛大学：戚晓杰
深圳大学：占　勇
鲁东大学：王东海
山东师范大学：陈长书

第二版修订委员会

中山大学：李 炜　刘街生　林华勇
　　　　　杨敬宇　杨泽生　吴吉煌
暨南大学：匡小荣　李丹丹

第三版修订委员会

中山大学：刘街生　林华勇　杨敬宇
　　　　　杨泽生　吴吉煌
暨南大学：匡小荣　李丹丹

内容简介

　　本教材根据教育部制订的"现代汉语教学大纲"编写,分绪论、语音、文字、词汇、语法、修辞六章,是一套着力解决国内多数高校现代汉语课程容量与课时量不相匹配这一突出问题的教材。教材主体内容分为两个部分,前一部分是现代汉语课程最基础、最核心的内容,便于师生在有限的课时内教授和掌握系统的现代汉语知识;后一部分是"课程延伸内容",供课时充裕的情况下全讲或选讲,以满足各类院校对现代汉语课程教学安排的不同需求。前一部分配有"复习与练习",复习题用来巩固所学的知识要点,练习题重在训练分析语言事实、解决具体问题的能力。多数"课程延伸内容"附有"思考与讨论",供有兴趣的学习者深入思考,拓宽视野。

　　本教材是黄伯荣先生半个多世纪以来编写各类现代汉语讲义、教材经验的结晶,融汇了黄伯荣先生母校中山大学及相关院校教师的研究实力和教学智慧,是一本既注重系统性和科学性,又强调简明性和实用性的全新现代汉语教材。

第三版前言

本教材第一次修订至今已九年了。为切合教学要求,在认真总结教材使用中遇到的问题、深入研讨读者的意见之后,我们对本教材进行了第二次修订。

本次修订工作主要包括:(一)根据新的政策文件调整了有关表述,删去了实用性低的两个附录;(二)更新了必要的数据,对个别不够准确的表述作出改动,更换了一些用例,使之更为贴切;(三)对主谓谓语句的核心框架分析进行了微调;(四)特别注重纸质教材与数字资源的相互配合,增加了教学慕课、电子课件、习题等配套数字资源,并在北京大学出版社数字平台"博雅云学堂"上全面推出。

参加本次修订工作的有:刘街生、林华勇、杨敬宇、杨泽生、李丹丹、吴吉煌、匡小荣,他们都参与了第一次的修订。

悠悠九载,倏忽竟过。第一次修订时,黄伯荣先生去世;本次修订时,李炜先生也离开了我们。修订工作完成之际,我们深切缅怀两位主编——黄伯荣先生和李炜先生,也深感责任重大。我们将不忘初心,继续努力,为使用者提供一部好的适用的教材。

编者
2025 年 1 月

第一版前言

本教材的编写宗旨是要编一部除了适合中文专业外,还能适合多种专业使用的基础课教材,让课时多的专业和课时少的专业都能适用。我们的做法是把现代汉语基础课的整体内容分为前文和后文两大部分,前文讲现代汉语课程必须掌握的基础知识、基础理论和基本技能;后文叫"课程延伸内容",是深层次的或较新的"三基"内容。课时少的专业可以只讲前文,把后文作为重要参考资料,指导学生自学。课时多的专业可以选讲后文中适合本专业的内容,可以全讲甚至增加与本专业有关的专业知识点。本教材这样做既能突出课程重点,又方便教师用一部教材教授不同专业、不同层次的学生,而不必因教授对象的不同而使用不同的教材,做不同的教案,这也节约了备课的时间。

本教材编写贯彻的原则是简明性、实用性、科学性、系统性。我们把简明性放在首位,对每一段每一句每个字反复推敲。核心的、必学的基础知识放在前文,突出重要规律,并用最简要、最易懂的语言加以说明,寓科学性于平实的说理之中,深入浅出,易学易记易操作。教材引例具有时代感,贴近生活,能吸引读者。教材也注重科学性,注重吸收成熟的科研成果,包括编者们自己的研究成果。教材还注重系统性,其系统是依据当代语言事实、立足现代汉语本位的系统。

本教材的编写大致可分两个阶段。

从 2010 年初到 2011 年 7 月为第一阶段,组建编者队伍,在主编的统一安排下分头编写,起稿编者共有 16 人,分工如下:

绪论章　占勇(深圳大学),李炜(中山大学)
语音章　杨敬宇、邓小宁(中山大学)
文字章　李蕊、范常喜、杨泽生(中山大学)

词汇章　　王东海(鲁东大学),李丹丹(暨南大学)

语法章　　黄伯荣(中山大学中文系兼职教授),刘街生、林华勇、李炜(中山大学),戚晓杰(青岛大学),陈长书(山东师范大学)

修辞章　　盛永生、匡小荣(暨南大学)

第一稿写出后,由同一章的执笔者交换审改,形成第二稿。第二稿经不同章的起稿编者互相交叉审改,并经第一主编逐字逐句反复修改,形成第三稿。接着召开了一次征求意见的会议,会议名为"全国高等院校现代汉语、语言学纲要教材教法研讨会暨黄伯荣先生九十华诞庆典",由中山大学中文系和北京大学中国语言学研究中心联合主办。在这次会议上,本教材编写组向来自全国70余所高校的与会代表介绍了教材第三稿的编写情况并征求意见。这次会议之后,开始了本教材编写的第二阶段。

2011年8月至2012年2月为第二阶段。由第二主编李炜召集并主持在广州的11名起稿编者在中山大学中文堂开了上百次教材的研讨、编写会。编者们严格按照既定的简明性、实用性、科学性和系统性的原则,逐字逐句反复研讨最后形成一致看法,不少内容是在会议期间重写的,每写完一部分就及时呈交第一主编审阅、修改,反馈后再通过集体研讨形成第四稿。

出席研讨、编写会的编者有:李炜、刘街生、杨泽生、林华勇、杨敬宇、匡小荣、范常喜、邓小宁、盛永生、李丹丹、吴吉煌。工作秘书先后有:和丹丹、石佩璇、刘亚男。

接着我们把第四稿分别送给特约审稿和审订专家审改,收到意见后又反复讨论修改,最终定稿。

本教材整个编审人员队伍由三部分组成。第一部分是上面说到的16名执笔者,除第一主编,其他编者都是拥有"黄廖本"教材教学经验的中青年学者和教师。第二部分是特约审稿王勤(湘潭大学)、林端(新疆大学)、刘小南(哈尔滨师范大学)、邵霭吉(盐城师范学院),他们是黄廖本的老编者。第三部分是特邀的审订专家陆俭明(北京大学)、冯志伟(教育部语用所)、黎运汉(暨南大学)、傅雨贤、陈炜湛(中山大学)、张志毅、张庆云(鲁东大学)。

本教材的顺利完成,有赖于第一主编半个多世纪以来编写现代汉语教材的丰富经验和全身心的投入,有赖于科学严谨的反复审改的编写方式,还有赖于中山大学中文系的全方位支持,可以说,中山大学这一平台是本教材顺利诞生的基本保障。

　　最后,我们要向特邀审订专家表示诚挚的谢意,希望大家继续关心并支持本教材的不断改进和完善。我们也期待热心教材建设的同行们和读者们的指正。

编者

2012 年 2 月

第二版前言

本教材自2012年3月出版以来,受到各方使用者的欢迎,至今已第5次印刷。2014年,本教材列入"'十二五'普通高等教育本科国家级规划教材",三联书店(香港)有限公司出版了繁体字版。中国盲文出版社拟出版本教材盲文版。三年取得这样的进展,编者们欣慰之余也感到肩上的责任更大。

第一主编黄伯荣先生生前一再教导我们:一部好的教材一定要根据实际情况不断修订、不断完善,这项工作永无止境。我们牢记先生的教导,对三年来现代汉语课堂教学实践中遇到的问题和读者所提的意见进行了认真的总结和深入的研讨,择其善者而从之,在此基础上对本教材进行了第一次正式修订。

参加这次修订工作的编者有:李炜、刘街生、林华勇、杨敬宇、杨泽生、李丹丹、吴吉煌、匡小荣。这八名编者都在2011年8月至2012年2月期间参加了在中山大学中文堂411会议室召开的上百次教材编写研讨会。他们也是辅助教材《现代汉语学习参考》的编写者。

在那一轮百次编写研讨会期间,黄伯荣先生全程督导,编定的内容均于当天以电子邮件方式发给黄先生,先生必会在两三日内反馈最后意见。遗憾的是,今天的修订工作已无法得到他老人家的指导。我们将一如既往地坚持先生为本教材所定的"四性"(简明性、实用性、科学性、系统性)原则,不断提升教材的质量,努力实现黄伯荣先生现代汉语教材改革的理想。

编者

2015年4月

目 录

第一章 绪论 ································· 1
第一节 现代汉语概说 ························· 1
一、语言与汉语 ····························· 1
二、什么是现代汉语 ························· 2
三、现代汉民族共同语的形成 ················· 2
四、现代汉语方言 ··························· 3
五、汉语在世界语言中的地位 ················· 5
复习与练习(一) ··························· 6
【课程延伸内容】 ····························· 6
现代汉语方言分区新说 ····················· 6
思考与讨论 ······························· 8
第二节 国家对语言文字的重视 ················· 8
一、国家的语言文字方针政策 ················· 8
二、我国关于语言文字方面的法律法规 ········· 9
三、现代汉语规范化 ························ 10
复习与练习(二) ·························· 11
第三节 本课程的性质、内容和学习方法 ········ 12
一、本课程的性质和内容 ···················· 12
二、现代汉语的学习方法 ···················· 13
复习与练习(三) ·························· 14

第二章 语音 ································ 15
第一节 语音概说 ···························· 15
一、语音的性质 ···························· 15
二、语音单位 ······························ 18
三、语音符号 ······························ 20
复习与练习(一) ·························· 21
【课程延伸内容】 ···························· 22

语音的声学表现 …………………………………………… 22
第二节　声母 ……………………………………………………… 24
　　一、辅音声母的发音 ………………………………………… 24
　　二、零声母 …………………………………………………… 29
　　复习与练习(二) ……………………………………………… 29
【课程延伸内容】 ………………………………………………… 32
　　声母辨正 ……………………………………………………… 32
第三节　韵母 ……………………………………………………… 34
　　一、韵母的分类和发音 ……………………………………… 34
　　二、韵母的结构与"四呼" …………………………………… 39
　　复习与练习(三) ……………………………………………… 41
【课程延伸内容】 ………………………………………………… 43
　　韵母辨正 ……………………………………………………… 43
第四节　声调 ……………………………………………………… 44
　　一、调值和调类 ……………………………………………… 44
　　二、普通话的声调 …………………………………………… 45
　　复习与练习(四) ……………………………………………… 46
【课程延伸内容】 ………………………………………………… 48
　　一、古今声调关系 …………………………………………… 48
　　二、声调辨正 ………………………………………………… 50
第五节　音节 ……………………………………………………… 51
　　一、普通话的音节结构 ……………………………………… 51
　　二、普通话的声韵配合规律 ………………………………… 52
　　复习与练习(五) ……………………………………………… 54
【课程延伸内容】 ………………………………………………… 55
　　一、韵母对声母发音的影响 ………………………………… 55
　　二、声韵组合的互补规律 …………………………………… 56
第六节　音变 ……………………………………………………… 57
　　一、语气词"啊"的音变 ……………………………………… 57
　　二、变调 ……………………………………………………… 58
　　三、轻声 ……………………………………………………… 60
　　四、儿化 ……………………………………………………… 62
　　复习与练习(六) ……………………………………………… 65

第七节 语调 …………………………………………… 66
一、停顿 …………………………………………… 67
二、重音 …………………………………………… 68
三、句调 …………………………………………… 69
复习与练习(七) …………………………………… 71

第八节 汉语拼音方案 ………………………………… 73
一、《汉语拼音方案》的设计原则 ………………… 73
二、《汉语拼音方案》的拼写规则 ………………… 75
三、分词连写的拼写规则 ………………………… 76
复习与练习(八) …………………………………… 77

【课程延伸内容】 ……………………………………… 79
一、音位和音位变体 ……………………………… 79
二、语音规范化 …………………………………… 80
思考与讨论 ………………………………………… 82

附录一 汉语拼音方案 ………………………………… 83

附录二 声母、韵母辨正 ……………………………… 85
n、l 偏旁类推字对照表 …………………………… 85
难辨声母对照辨音字表 …………………………… 88
难辨韵母对照辨音字表 …………………………… 94

附录三 古今四声关系 ………………………………… 99
古今调类比较表 …………………………………… 99
汉语主要方言声调对照表 ………………………… 100

附录四 轻声、儿化必读词 …………………………… 101
必读轻声词表 ……………………………………… 101
必读儿化词表 ……………………………………… 102

第三章 文字 …………………………………………… 105

第一节 汉字概说 ……………………………………… 105
一、文字和语言 …………………………………… 105
二、汉字的性质和特点 …………………………… 106
三、汉字的作用 …………………………………… 106
复习与练习(一) …………………………………… 107

第二节 汉字的形体 …………………………………… 108

复习与练习(二) ······ 114
【课程延伸内容】 ······ 114
　　现行印刷体的常用字号和字体 ······ 114
第三节　汉字的造字法 ······ 116
　　一、象形 ······ 116
　　二、指事 ······ 117
　　三、会意 ······ 117
　　四、形声 ······ 118
　　复习与练习(三) ······ 120
第四节　现代汉字的结构 ······ 121
　　一、结构单位 ······ 121
　　二、笔顺 ······ 124
　　复习与练习(四) ······ 125
【课程延伸内容】 ······ 126
　　部件的变形 ······ 126
　　思考与讨论 ······ 127
第五节　汉字的规范化 ······ 127
　　一、汉字的整理 ······ 127
　　二、汉字的标准化 ······ 129
　　复习与练习(五) ······ 131
【课程延伸内容】 ······ 132
　　正确使用汉字 ······ 132
　　思考与讨论 ······ 133
附录一　GB13000.1字符集汉字折笔笔形表 ······ 134
附录二　简化字总表(1986年版第一表、第二表) ······ 135
附录三　常见的别字 ······ 139
附录四　容易误读的字 ······ 142
附录五　第一批异形词整理表 ······ 146

第四章　词汇 ······ 151
第一节　词汇概说 ······ 151
　　一、什么是词汇 ······ 151
　　二、词汇单位 ······ 151

复习与练习（一） ………………………………………… 155
第二节　词的结构 …………………………………………… 155
　　复习与练习（二） ………………………………………… 159
第三节　词义 ………………………………………………… 160
　　一、词义的性质 …………………………………………… 160
　　二、词义的分类 …………………………………………… 161
　　三、义项 …………………………………………………… 162
　　复习与练习（三） ………………………………………… 164
【课程延伸内容】 …………………………………………… 166
　　义素和义素分析 …………………………………………… 166
第四节　同义词和反义词 …………………………………… 167
　　一、同义词 ………………………………………………… 167
　　二、反义词 ………………………………………………… 171
　　复习与练习（四） ………………………………………… 173
【课程延伸内容】 …………………………………………… 174
　　语义场 ……………………………………………………… 174
　　思考与讨论 ………………………………………………… 176
第五节　现代汉语词汇的组成 ……………………………… 176
　　一、基本词汇和一般词汇 ………………………………… 176
　　二、古语词、方言词、外来词、行业语 ………………… 178
　　复习与练习（五） ………………………………………… 181
【课程延伸内容】 …………………………………………… 182
　　隐语 ………………………………………………………… 182
　　思考与讨论 ………………………………………………… 183
第六节　熟语 ………………………………………………… 183
　　一、成语 …………………………………………………… 183
　　二、惯用语 ………………………………………………… 187
　　三、歇后语 ………………………………………………… 187
　　复习与练习（六） ………………………………………… 188
【课程延伸内容】 …………………………………………… 189
　　谚语 ………………………………………………………… 189
　　思考与讨论 ………………………………………………… 190
第七节　词汇的发展变化和规范 …………………………… 190

一、词汇的发展变化 …………………………………… 190
二、词汇的规范 ………………………………………… 193
复习与练习（七） ……………………………………… 195
【课程延伸内容】 ………………………………………… 196
　词典和字典 …………………………………………… 196

后　记 ……………………………………………………… 198

第一章 绪论

第一节 现代汉语概说

一、语言与汉语

语言是人类社会的产物,它随着社会的产生而产生,随着社会的发展而发展。

从功能上说,语言是人类最重要的交际工具。社会中的人际互动离不开语言,可以说,没有语言,社会就难以维系。语言也是人类认知世界的重要工具,人类进行思维的时候,往往要依附于某种语言。语言还是文化的载体,人们利用语言积累知识,形成并传承文化。语言与科技尤其是现代信息技术息息相关,密不可分。在当今社会,语言的重要性不言而喻。它不仅关系到个人的生存和发展,而且关系到国家稳定与社会和谐。

从结构上说,语言是一种音义结合的符号系统,它以语音为物质外壳,以词汇为建筑材料,以语法为结构规律。世界上所有语言都具备语音、词汇、语法三大要素。

文字是记录语言的书写符号系统,是在语言的基础上产生的,但不是所有的语言都有文字。语言至少有几万年的历史,而文字的历史不过几千年。口头语言一发即逝,受到时间、空间的限制;而文字打破了语言时空的局限,使语言得以留于异时、传于异地。语言和文字之间,语言是第一性的,文字是第二性的。

汉语是汉民族的语言,也是中华民族大家庭中各民族之间的通用语言,还是世界华人社会共同使用的语言。汉语是当今世界使用人口最多的语言之一,汉字是世界上使用历史最长的文字。

二、什么是现代汉语

现代汉语有广义和狭义之分。广义的包括现代汉民族共同语和方言。狭义的指现代汉民族共同语,即"**以北京语音为标准音,以北方话为基础方言,以典范的现代白话文著作为语法规范的普通话**"。

普通话是法定的全国通用的标准语言。国家推广全国通用的普通话,主要是为了消除不同语言、不同方言之间的隔阂,使各民族、各方言区的人们都会说普通话,以利于全民的社会交往。推广普通话,并不是要消灭境内少数民族语言,也不是要消灭汉语方言。如果人们不但可以使用本民族的语言、本地区的方言,而且能自觉地在公共交际中使用普通话,那么推广普通话的目标也就达到了。

现代汉语有口语和书面语两种不同形式。口语就是人们口头上使用的语言,往往比较灵活,用词通俗易懂,常用省略句、独词句、非主谓句等。书面语在口语的基础上加工而成,比较严谨周密,用词精确规范,多用整句、修饰语较多的长句等,结构较为复杂和完备。

三、现代汉民族共同语的形成

民族共同语往往是在一种方言的基础上形成的,作为民族共同语基础的方言就叫作基础方言。什么方言能成为民族共同语的基础方言,取决于这种方言在社会中所处的地位,取决于这个方言区的政治、经济、文化以及人口等条件。

汉族早在先秦就存在民族共同语。在春秋时代,这种共同语称为"雅言",从汉代起称为"通语",明代改称为"官话",辛亥革命后称为"国语",新中国成立以后称为"普通话",也就是现代汉民族共同语。在其形成过程中,北方方言成为现代汉民族共同语的基础方言。

中国古代的书面语是文言(或称"文言文"),后来由于口语发展较快,这种书面语逐渐脱离了口语,以至于形成"言文不一"的现象。到了唐宋时代,一种接近口语的书面语——白话产生了。唐宋以来用白话写作的各种文学作品很多,如唐代的变文,宋代的语录,宋元的话本,以及宋、金、元的诸宫调和元曲,而影响最大的则是明清小说,像

《水浒传》《西游记》《儒林外史》《红楼梦》等。这些白话文学作品主要是用北方方言写成的，流传很广，加速了北方方言的推广，并成为现代汉民族共同语书面语的主要来源。

在汉语北方方言中，北京话有着特殊的地位。金、元以来，北京成了我国政治、经济和文化的中心，北京话的影响逐渐显著，地位日益重要。明清时期的北京话是影响最大的汉语官话，它作为官府的通用语言传播到了全国各地；与此同时，白话文学作品更多地受到了北京话的影响。可见，几百年前，以北京话为代表的北方方言在整个社会中就已经处于非常重要的地位。

到了20世纪初，"白话文运动"和"国语运动"的兴起直接促成了现代汉民族共同语的形成。前者动摇了文言文的统治地位，为白话文最后在书面上取代文言文创造了条件；后者在口语方面增强了北京话的代表性，促使北京语音成为全民族共同语的标准音。这两个运动互相推动、互相影响，促使书面语和口语接近起来，形成了书面语和口语基本统一的现代汉民族共同语。

新中国成立以后，由于国家的统一，人民的团结，政治、经济和文化的发展，对民族共同语的进一步统一和规范有了更高的要求，各地人民对学习统一的共同语也有了迫切的需要。因此，国家确定把汉民族共同语称为普通话，主张向全国大力推广。2000年，国家颁布《中华人民共和国国家通用语言文字法》，首次以立法的形式确定普通话、规范汉字为国家的通用语言文字。该法于2001年正式施行。

四、现代汉语方言

一种语言在历史演变过程中，经常会出现分化和统一的现象。语言的统一往往形成共同语，语言的分化则会形成不同的方言，甚至形成不同的语言。在社会、历史、地理和文化等因素的影响下，加之语言系统中语音、词汇和语法等各要素内部发展的不平衡，原来统一的语言往往会出现地域变体——方言。一般说来，历史长、使用人口多、通行范围广的语言，往往会出现较多的方言，汉语就是如此。

汉语方言是汉语的地域变体，俗称地方话，它不是独立于汉语之外的另一种语言。方言虽然只在一定地域中通行，但本身也都具有完整的语音、词汇、语法等结构系统,能够满足本地区社会交际的需要。现代汉语方言的差异性表现在语音、词汇、语法等各个方面。其中,语音的差异最为明显,词汇次之,而语法的差异相对而言不易察觉。

我国方言比较复杂,为了便于说明方言情况,我们根据其主要特征,概括地将汉语方言分为七大方言区,即北方方言(官话方言)、吴方言、湘方言、赣方言、客家方言、闽方言和粤方言。复杂的方言区内,可以再分列若干次方言(方言片、方言小片),直到一个个方言点。

下面是七大主要方言区的分布情况。

1. 北方方言

北方方言是现代汉民族共同语的基础方言;以北京话为代表,内部一致性较强,分布地域最广,使用人口最多。

北方方言可分为四个次方言:(1)华北、东北方言,分布在京、津两地,河北、河南、山东、辽宁、吉林、黑龙江,还有内蒙古东部地区;(2)西北方言,分布在山西、陕西、甘肃等地和青海、宁夏、内蒙古的西部地区,新疆汉族使用的语言也属西北方言;(3)西南方言,分布在四川、云南、贵州等地及湖北大部分(东南角咸宁地区除外),广西西北部,湖南西北角等;(4)江淮方言,分布在安徽的东南部长江以北地区、江苏长江以北地区(徐州、蚌埠一带除外)、镇江和镇江以西九江以东的长江南岸沿江一带。

2. 吴方言

分布在上海、江苏长江以南镇江以东地区(不包括镇江)、南通的小部分、浙江的大部分。典型的吴方言以苏州话为代表[①]。吴方言内部存在一些分歧现象。杭州曾做过南宋都城,杭州城区的吴语就带有浓厚的"官话"色彩。

3. 湘方言

分布在湖南大部分地区(西北角除外),以长沙话为代表。湘方言内部还存在新湘语和老湘语的差别。新湘语通行在长沙等较大城市,受北方方言的影响较大。

---

① 也有人认为,从现在的影响来看,应以上海话为吴方言的代表。

4. 赣方言

分布在江西大部分地区(东北沿长江地区和南部除外),以南昌话为代表。

5. 客家方言

以广东梅县话为代表。客家人分布在广东、福建、台湾、江西、广西、湖南、四川等地,其中以广东东部和北部、福建西部、江西南部和广西东南部为主。客家人从中原迁徙到南方,虽然居住分散,但客家方言仍自成系统,内部差别不太大。四川客家人与广东客家人相隔千山万水,彼此可以交谈。

6. 闽方言

主要分布区域跨越六省区,包括福建和海南的大部分地区,广东的潮汕地区和雷州半岛部分地区,浙江温州地区的一部分,广西的少数地区,台湾的大多数汉族居住区。

闽方言可分为闽南、闽东、闽北、闽中、莆仙五个次方言。其中闽南方言使用人口最多,通行范围最广,分布在以福建厦门、漳州、泉州为中心的二十四个县(市)、台湾、广东的潮汕地区和雷州半岛、海南、浙江南部,以厦门话为代表。闽东方言分布在福建东部闽江下游,以福州话为代表。相比其他方言,闽方言内部差异最大。

7. 粤方言

以广州话为代表,当地人叫"白话"。分布在广东中部、西南部和广西东部、南部以及香港、澳门。粤方言内部也有分歧,四邑(台山、新会、开平、恩平)话、阳江话和桂南粤方言等都各有一些区别于广州话的特色。

闽方言、粤方言、客家方言是海外华人使用最多的方言。

五、汉语在世界语言中的地位

汉语作为世界上历史最为悠久的语言之一,不仅对中华民族的发展进步和中华文化的传播起着巨大的作用,在世界上也有着十分重要的影响。在全世界数千种语言中,汉语是当今世界上以它为母语使用人数最多的语言。历史上,汉语曾对周边的东亚、东南亚国家产生过巨大影响,其中受影响最深的是日本、朝鲜半岛和越南,他们的语言都曾大量借用汉语的词汇,并在此基础上创造了很多新词,甚至长期使用汉字来记录自己的语言。

汉语是联合国六种正式工作语言之一(另外五种是英语、法语、俄语、西班牙语、阿拉伯语),在国际交往中发挥着十分重要的作用。特别是近年来,随着我国综合国力的显著增强和国际地位的日益提高,汉语在国际上的影响力也与日俱增。海外学习和研究汉语的人数越来越多,汉语的国际教育得到了前所未有的发展。

复习与练习(一)

复习题

1. 广义的现代汉语和狭义的现代汉语各指什么?
2. 什么是普通话?什么是汉语方言?
3. 现代汉民族共同语是怎样形成的?
4. 现代汉语有哪些方言?各自的代表方言是什么?

【课程延伸内容】

现代汉语方言分区新说

三十多年来,有学者主张把汉语方言分为十区。即将北方方言中山西部分地区及其邻近的陕西、河南、内蒙古、河北部分有入声的地区独立成"晋语"区;同时,将皖南一带徽州方言列为"徽语"区,将广西北部和南部的"平话"单列为"平话"区,连同原来通行的七区成为"十区"。"十区说"见于《中国语言地图集》(中国社会科学院、澳大利亚人文科学院合编,朗文出版集团(远东)有限公司,香港,1987)。该书出版以来在语言学界引发不少讨论。

以下是汉语方言两种分区的对照表:

汉语方言七大分区和十大分区对照表

七大方言名称	十大方言名称	分布地区	代表方言
北方方言	官话	内蒙古、黑龙江、吉林、辽宁、北京、天津、河北、河南、山东、安徽、江苏、湖北、湖南、四川、重庆、云南、贵州、山西、陕西、宁夏、甘肃、青海、新疆、广西、江西、浙江等26个省、市、自治区的1500多个县市	北京话
	晋语	山西及河北、河南、陕西、内蒙古4省、自治区与山西毗邻地区	太原话
吴方言	吴语	江苏南部、上海和浙江大部以及江西、福建和安徽的小部分地区	苏州话 上海话
	徽语	新安江流域的旧徽州府(包括今属江西省的婺源县)、浙江省的旧严州府地区和江西省德兴县、旧浮梁县(今属景德镇市)等安徽、江西和浙江三省的16个县市	绩溪话
赣方言	赣语	江西、湖北、湖南和安徽、福建等省101个县市	南昌话
湘方言	湘语	湖南大部分地区(西北角除外),广西北部	长沙话
客家方言	客家话	广东、广西、江西、福建、湖南、四川、海南、台湾等8个省、自治区的200多个县市	梅县话
闽方言	闽语	福建、台湾和海南大部分地区,广东潮汕地区和雷州半岛、浙江温州地区	福州话 厦门话
粤方言	粤语	广东中部、西南部和广西东部、南部及香港、澳门	广州话
	平话	广西境内交通要道沿线地区以及与广西毗邻的湖南的道县、宁远和通道侗族自治县等10多个县市	

思考与讨论

你的家乡话属何种方言?试着把家乡话同普通话进行比较,看看有哪些主要差异。

第二节 国家对语言文字的重视

一、国家的语言文字方针政策

我国政府历来十分重视语言文字工作。1951年6月6日《人民日报》发表了题为《正确地使用祖国的语言,为语言的纯洁和健康而斗争》的重要社论。1954年12月中国文字改革委员会正式成立。1955年10月,教育部和中国文字改革委员会联合召开了"全国文字改革会议",接着中国科学院召开了"现代汉语规范问题学术会议",确定"促进汉字改革、推广普通话、实现汉语规范化"为语言文字工作的三大任务。1956年2月6日,国务院发出了在全国推广普通话的通知。在1958年1月10日召开的全国政协报告会上,周恩来总理做《当前文字改革的任务》的报告,确定把"简化汉字、推广普通话、制定和推行汉语拼音方案"作为当时文字改革的三大任务。1958年2月11日,全国人民代表大会通过了《汉语拼音方案》(参见附录一)。经过几十年的努力,我国的语言文字工作取得了显著的成绩。

1982年,国际标准化组织通过了《ISO-7098 文献工作——中文罗马字母拼写法》(*ISO-7098 Documentation—Romanization of Chinese*),正式采用《汉语拼音方案》作为国际上拼写汉语普通话的国际标准。在国外许多重要图书馆的汉语图书编目中,都采用了 ISO-7098 作为拼写汉语人名、地名的规范。

1986年1月,国家教委和国家语委联合召开了全国语言文字工作会议,确定了新时期语言文字工作的方针和当前的任务。新时期语言文字工作的方针是:"贯彻执行国家关于语言文字工作的政策和法令,促进语言文字规范化、标准化,推动文字改革工作,使语言文字在社会主义现代化建设中更好地发挥作用。"当前语言文字工作的主要任务是:"做好现代汉语规范化工作,大力推广和普及普通话;研究和整理现行汉字,制定各项有关标准;进一步推行《汉语拼音方案》,研究并解决它在实际使用中的有关问题;研究汉字信息处理问题,参与鉴定有关成果;加强语言文字的基础研究和应用研究,做好社会调查和社会咨询服务工作。"

为全面加强新时代语言文字工作,2020年,《国务院办公厅关于全面加强新时代语言文字工作的意见》提出以下要求:"以习近平新时代中国特色社会主义思想为指导,全面贯彻党的十九大和十九届二中、三中、四中全会精神,按照党中央、国务院决策部署,坚持以人民为中心的发展思想,以推广普及和规范使用国家通用语言文字为重点,加强语言文字法治建设,推进语言文字规范化、标准化、信息化建设,科学保护各民族语言文字,构建和谐健康语言生活,传承弘扬中华优秀语言文化,提升国家文化软实力,为铸牢中华民族共同体意识、建设社会主义现代化强国贡献力量。"

二、我国关于语言文字方面的法律法规

《中华人民共和国宪法》明确规定:"国家推广全国通用的普通话。"半个多世纪以来,我国的推广普通话工作取得了显著成绩,普通话作为通用语的影响与日俱增,流通的范围日渐扩大,不仅在消除方言隔阂、促进民族内部交流方面取得了重大成就,在与兄弟民族交流沟通方面也发挥了重要作用。

2001年1月1日,我国历史上第一部关于语言文字方面的专门法律——《中华人民共和国国家通用语言文字法》正式施行,标志着我国通用语言文字的使用将全面走上法治的轨道。这部法律规定了国家关于语言文字的基本政策,它的颁布旨在进一步促进语言文字的规范化和标准化,从而推动国际交流和国家政治、经济、科技、文化、艺术的发展。该法的《总则》部分第三条明确规定:"国家推广普通话,推行规范汉字。"首次以立法的形式确定普通话、规范汉字为国家的通用语言文字,给推广普通话和汉字规范化工作的开展创造了更为有利的条件。

三、现代汉语规范化

语言规范化就是明确某一语言的共同语及其内部一致的标准,以消除语言使用中出现的混乱现象,更好地发挥语言文字的交际功能。现代汉语规范化,就是要确立现代汉民族共同语及其语音、词汇、文字和语法等方面的标准,并且运用这一标准去消除语言使用中出现的分歧和混乱。具体而言,现代汉语规范化工作包括推广普通话和汉字规范化这两项重要内容。

(一) 推广普通话

早在20世纪50年代中期,国家就确定了"大力提倡、重点推行、逐步普及"为推广普通话的工作方针。到了新时期,根据推广普通话工作的实际情况,把这个方针调整为"大力推行、积极普及、逐步提高",工作重点转移至普及和提高上来。经过几十年的实践,推广普通话取得了巨大成绩。

"以北京语音为标准音,以北方话为基础方言,以典范的现代白话文著作为语法规范",这就从语音、词汇和语法方面明确了现代汉语规范化的标准。

以北京语音为标准音,这是就北京语音系统的整体而言的,并不意味着北京语音中的所有语音成分都能成为普通话的标准音。由于种种原因,北京语音也同样存在着一些内部分歧,存在着不少异读和土音,如"比较(bǐjiào)"读成"bǐjiǎo","复杂(fùzá)"读成"fǔzá","忒不是东西"中"忒(tuī)"读成"tēi"等,这些都成为规范的对象。1985年国家语委、国家教委和广电部联合颁布的《普通话异读词审音表》对此加以审定。还有,北京话中存在着大量的轻声和儿化现象,也不能全部吸收到普通话中,因为这不利于在方言地区学习和推广普通话。

现代汉民族共同语是在北方方言的基础上形成的,自然要以北方方言中的词汇为基础。但并非所有北方方言的词都能进入普通话。北方方言覆盖地区广,各地之间用词存在着分歧,有些土语成分不能吸收到普通话中,如官话中的"俺"和"馍"。此外,普通话的词汇系统不是一成不变的,不仅需要从其他方言中汲取营养,而且需要从古语词以及外来词中进行吸收和借鉴，不断扩大和丰富自己的词汇系统。

典范的现代白话文著作，是指具有广泛代表性和影响力的现代白话文作品，尤其是现代著名作家的优秀白话文作品，它们的语言是经过反复推敲和提炼的，自然可以作为语法规范的标准。当然，要以它们的一般用例作为规范，排除那些逻辑上有毛病、带有方言土语成分的特殊用例。

(二) 汉字规范化

20世纪50年代开始，我国就着手汉字整理和简化工作。经过半个多世纪的努力，汉字规范化工作取得了很大的成绩，如制定了一些汉字方面的规范和标准，整理规范异体字，发布《简化字总表》，规范印刷字形，更改地名生僻字，统一部分计量单位名称用字，公布《现代汉语常用字表》《现代汉语通用字表》《通用规范汉字表》等。但是，当前社会上滥用繁体字、乱造简化字的现象不少，商标、广告、招牌，电影和电视的片名、字幕、演职员的姓名，报纸的标题，杂志和书籍的封面等方面的用字问题还比较突出。这些问题的存在对我国现代化建设和文化教育事业造成了消极影响。新时期国家推行规范汉字的重点是：学校教育教学用字，机关公务用字，新闻出版、广播影视等媒体用字，公共场所标牌、宣传标语、广告等的用字。我们所处的信息时代对汉字规范化提出了更高的要求，推行规范汉字比以前任何时候都更加重要，更加迫切。

复习与练习(二)

复习题

1. 新时期语言文字工作的方针是什么？当前语言文字工作的主要任务是什么？

2. 我国历史上第一部关于语言文字方面的专门法律是何时实施的？它的意义何在？

3. 为什么要对现代汉语进行规范？

第三节 本课程的性质、内容和学习方法

一、本课程的性质和内容

"现代汉语"是高等学校汉语言文学等专业的一门专业基础课,是一门语言学课程。本课程有利于将语言文字工作与高校人才培养、科学研究、社会服务、文化传承创新和国际交流合作等有机融合,切实提高大学生国家通用语言文字应用能力。本课程的教学任务是:立足服务铸牢中华民族共同体意识,坚持服务国家发展大局和人民群众需求,坚持立德树人根本任务,以国家的语言文字政策为依据,聚焦高质量推广普及国家通用语言文字,更好地服务教育和语言文字事业高质量发展,贯彻理论联系实际的原则,系统地讲授现代汉语的基础理论和基本知识,加强基本技能的训练,培养和提高学生理解、分析、运用现代汉语的能力,为他们将来从事语言文字及其相关工作打好基础。

本课程的主要教学内容由绪论、语音、文字、词汇、语法和修辞等六部分组成。

绪论部分:简述语言的性质、现代汉语的地位及概况,现代汉语方言,并对国家的语言文字政策和现代汉语课程的性质、内容等进行简要介绍。

语音部分:以《汉语拼音方案》和国际音标为标音工具,运用语音学、音系学原理,系统地讲述有关普通话的语音知识,使学生对普通话语音系统的声母、韵母、声调、轻声、儿化、音节结构等具有比较完整的了解,具有说好普通话和推广普通话的能力。

文字部分:讲述汉字的性质和作用,汉字的结构和形体,汉字的整理和汉字规范化问题,使学生正确地认识和使用汉字。

词汇部分:讲述现代汉语语素、词和构词法,词义,词汇的构成,词汇的变化和词汇规范化等问题,使学生能够正确地分析词的结构,分析词义的构成,准确地辨析和解释词义,提高词语运用的能力。

语法部分:讲述现代汉语组词造句的规则和相关的分析方法,汉语词类的划分、各类实词与虚词的性质和用法,短语和句子的结构类

型等,使学生具有辨识词性、分析句子和辨别句子正误的能力。

修辞部分:讲述语音修辞、词汇修辞和句式修辞,常用的修辞格,常见的语体类型等,引导学生注意选词炼句,恰当地运用各种修辞手法,以提高学生的语言表达和应用能力。

二、现代汉语的学习方法

我们从小就开始学习用现代汉语表达自己的思想感情,与人们进行交际活动。由学说话到学写作,经过长期实践,对现代汉语已积累了很多的感性认识。然而,我们不能仅停留在感性认识阶段,还必须上升到理性认识阶段。现代汉语课程所讲解的内容,能够使我们对现代汉语的认识上升到理性认识,加深对现代汉语的理解,从而把话说得更清楚一些,明白一些,动听一些,使说话和写文章的效果更好一些。

为了学好现代汉语这门课程,我们应该在学习中注意以下两个方面。

(一)辨析具体现象,推求一般规律

语言是一个完整的体系,它的各个组成部分也都具有系统性。一定的语言现象大多制约于一定的语言规律。因此,我们在学习现代汉语课程的过程中,要学会用科学的理论对丰富多彩的语言事实进行细致的辨察。这就要理论联系实际,多进行练习。通过反复练习才能掌握书上所讲的规律和理论,如我们在学习普通话语音的时候,必须按照发音部位、发音方法多进行练习,才能掌握正确的发音技巧,说好普通话。

(二)运用理论知识,指导言语实践

现代汉语课程所阐述的理论知识,都是深入地分析了大量的语言事实归纳出来的。实践是形成理论的基础,理论有指导实践的作用。因此,我们在学习现代汉语课程的过程中,就要注意理论与实践密切结合,运用学到的理论知识指导日常的言语实践。对于现实生活中司空见惯的语言现象,我们要保持好奇心,处处留心,要多注意观察,关注身边的各种语言现象,还要深入思考它们出现的原因,为什么这样说不那样说。我们通过学习现代汉语课程,懂得了一些有关现代汉语的基本原理,在言谈或写作中,就应该经常自觉地用有关理论来指导,

如有用词不恰当或造句不通顺的情况,就加以改正。这样,我们所学到的理论知识才会是有用的。

学习现代汉语还要注重使用比较的方法,如普通话与方言之间的比较,现代汉语与古代汉语之间的比较,还有汉语与外族语的比较,等等,这样才能有更大的收获。

复习与练习(三)

复习题

1. 现代汉语包括哪几个方面的内容?
2. 为什么要学习现代汉语?
3. 怎样才能学好现代汉语?
4. 怎样理解运用理论知识指导言语实践?

第二章 语音

第一节 语音概说

一、语音的性质

语音是人类发音器官发出来的有意义的声音。

语音作为声音的一种,有物体振动、声波传递的物理特征,因此它具有物理属性。但是语音和自然界的其他声音不同,它是由人类发音器官的生理活动形成的,所以具有生理属性。另外,语音是有意义的,语音跟意义之间的联系由使用该语言的全体社会成员约定俗成,所以语音还有社会属性。

在语音的物理、生理和社会三种属性中,社会属性是最本质的属性。

(一) 发音器官

要理解语音的生理属性,首先要了解人类发音器官的构造、活动方式和作用。人的发音器官包括三个部分:提供动力的呼吸系统,发出声音的喉头和声带,以及控制共鸣的咽腔、口腔和鼻腔(参见图 2-1)。

1. **动力部分**

肺和气管是人类的呼吸系统,呼和吸形成的气流为说话提供了动力。呼出的气流是说话的主要气流类型。

2. **声源部分**

气流从肺部经气管向上流动,要通过位于喉头的声带。声带是两片薄膜,前后两端附着在喉头的软骨上,可以打开或闭合、拉紧或放松。声带中间是声门,气流通过声门产生摩擦,会使声带振动,发出声音。

3. **共鸣部分**

口腔、鼻腔和咽腔统称为"共鸣腔"。通过口腔肌肉尤其是舌头的活动,可以改变共鸣腔的形状,发出各种不同的语音。

口腔和鼻腔都能产生共鸣。小舌和软腭上升,堵住鼻腔的通道,气流只能从口腔通过,在口腔共鸣,就形成口音,如 b、ɑ、i 等。小舌和软腭如果下降,就会打开鼻腔通道,如果口腔通道同时封闭,气流只在鼻腔共鸣,就形成鼻音,如 m、n 和 ng 等;如果口腔不封闭,气流同时在口腔和鼻腔通过并形成共鸣,就会形成鼻化音,如 ã、õ 等。

口腔最外是上下唇,往里是上下齿。上齿往后依次为齿龈、硬腭、软腭和小舌。下齿往里是舌头,依次为舌尖、舌叶、舌面和舌根。舌叶是舌尖后的一个部位,它在舌头平伸时与牙齿相对。舌面可以进一步划分为舌面前、舌面中和舌面后三个部分。

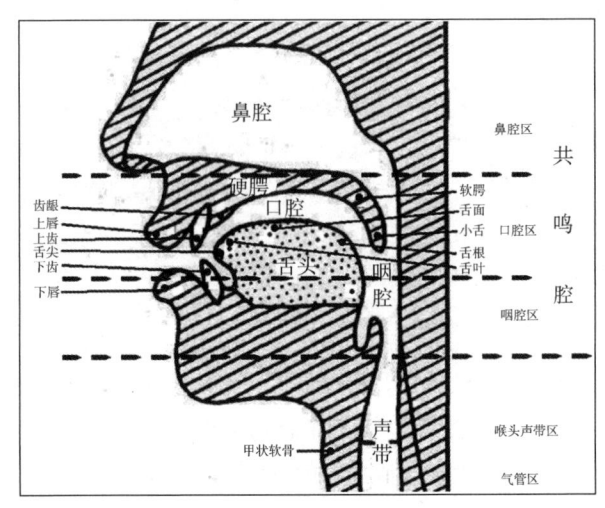

图 2-1　发音器官纵向剖面示意图

(二) 语音四要素

语音和其他声音一样,具有物理上的音高、音强、音长和音色四种要素。

1. 音高　指声音的高低。语音的高低跟声带的状态有关,声带的长短、厚薄和松紧不同,发出的声音就有音高的差别。一般男性声音低、女性声音高,老人声音低、小孩声音高,就是因为通常男性声带较长、较厚,女性声带短而薄,老人声带松弛,小孩声带紧绷。音高在语音里的表现主要是音节里的声调和依附在句子上高低起伏的语调。

2. 音强 指声音的强弱。语音的强弱跟发音时气流的强弱有关。气流强,冲击声带形成的振动就大,声音听起来就较强,反之则较弱。音强在语音里的表现主要是轻、重音和轻声。

3. 音长 指声音的长短。语音的长短跟发音时声带振动的时间长短有关,声带振动时间长,声音听起来就长,反之则较短。音长在语音里的表现主要是能区别意义的长音和短音。普通话轻声的音长也比一般的音节短很多。

4. 音色 又叫"音质",指声音的特色、特质,**是一个声音区别于其他声音的根本特点**。发音体不同,发音方法不同,共鸣器的形状不同,都会造成音色的不同。

语音的声源体是声带。每个人的声带都是独一无二的,因此每个人都有自己的独特音色。

发音方法的不同主要体现在辅音的发音上,如同样是舌尖抵住上齿龈发音,如果用完全阻塞后再爆发的方法,声音就是 d 或 t;如果不爆发而让气流从舌身两边通过,声音就是 l;如果舌尖接近齿背形成缝隙后再摩擦发音,声音就是 s。

共鸣器形状造成音色的不同主要体现在元音上,如元音[A]和[i]音色的差异,就是由口腔形状的差异造成的(参见图 2-2)。

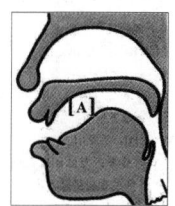 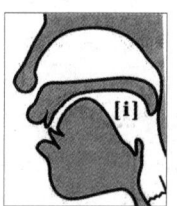

图 2-2　元音[A]和[i]的发音口腔横剖面图

(三) 语音的社会属性

语音是一种社会现象。人们在交际的时候最关注的是声音所承载的意义,而这个意义是由社会约定俗成的。社会属性是语音最本质的属性。

语音的社会属性主要体现在以下两个方面:

第一,不同的社会用不同的声音指称相同的东西。如"狗"这种动物,汉语用[kou^{214}](狗),英语用[dɔg](dog),日语用[inu](いぬ)。

第二,每种语言都有自己的一套语音系统。每种语言的语音系统不尽相同,组合规则也各异,如在汉语里[pʰA](趴)和[pA](巴)意思完全不同,说明送气的[pʰ]跟不送气的[p]可以区别意义。但是在英语里,如果把[spai](spy)念成[spʰai]也不会有意义上的差异,说明在英语里送气与否没有区别意义的作用。即使是同一种语言,不同方言的语音系统之间也存在差别,如汉语有不少方言不区分辅音[n]和[l],将"蓝"和"难"发成同样的音,但在普通话中,这两个辅音有区别意义的作用,不能混淆。

二、语音单位

(一) 音节

音节是听觉上自然感觉到的最小的语音单位。如英语的"communication"有五个音节。汉语中一个音节一般用一个汉字来表示(儿化音节除外)。如"说好普通话,用好规范字"这一连串的语音中,我们可以清晰地感觉到一共有十个语音单位,也就是十个音节,写出来就是十个汉字。

(二) 音素

如果从音色的角度对音节进一步划分,就会得到更小的语音单位——音素。**音素是从音色角度划分出来的最小语音单位。**如"cháng(长)"这个音节就可以进一步划分为 ch、a、ng 三个音素。在《汉语拼音方案》中,音素多用一个字母表示(如 b、p、o 等),有的用双字母表示(如 zh、ch、ng、er 等)。

根据发音时气流在口腔中是否受到阻碍,可以把音素分成元音和辅音两大类。**气流在口腔中没有受到阻碍,畅通无阻地发出来的音,就是元音**,如 a、o、i。相反,**气流通过口腔时受到阻塞或产生明显摩擦,这样发出的音是辅音**,如 b、d(阻塞后发音)和 f、s(摩擦发音)。

元音和辅音的差别除了是否受阻碍外,还体现在以下三个方面:

(1) 发元音时声带一定振动,听起来响亮、清晰;发辅音时声带多不振动,听起来不响亮。

(2) 发元音时由于气流不受阻碍,口腔各部位的紧张状态比较均衡;发辅音时由于气流受到阻碍,形成阻碍的部位会比其他部位紧张。

(3) 发元音时由于不受阻碍,气流比较弱;发辅音时需要冲破阻碍,气流较强。

(三) 声母、韵母和声调

根据汉语传统的音韵学,一个字音(音节)可划分出声母、韵母和声调三个部分。音节的前半部分是声母,后半部分是韵母,声调贯穿整个音节。

声母主要由辅音充当,这种声母叫辅音声母,如"bǎ(把)"的声母是辅音 b。还有一种声母不是由辅音充当的,如"áng(昂)"的开头部分就没有辅音,我们把这种音节里的声母称为零声母。

组成韵母的音素可以只是元音,也可以由元音加辅音构成。如"dā(搭)"的韵母是元音 a,"gān(甘)"的韵母是元音加辅音的 an。

声调是依附在音节上具有区别意义作用的音高变化格式。普通话的基本声调有阴平、阳平、上声和去声四种。

辅音和声母、元音和韵母是两套不同的术语,它们之间不是一一对应的关系,也就是说,辅音≠声母,元音≠韵母。它们的差别主要体现在三个方面:

(1) 来源不同。元音、辅音来自现代语音学,声母、韵母来自我国传统的音韵学。

(2) 适用对象不同。声母、韵母专门用来分析汉语,元音、辅音则适合分析所有的语言。

(3) 位置不同。元音、辅音来自对音素性质的分析,没有位置的规定;声母、韵母有位置的规定,声母限定在音节开头,韵母限定在声母之后。

(四) 音位

音位是某一语言或方言里能够区别意义的最小语音单位。人们能发出的音非常多,但在一个具体的语言或方言的语音系统里,能区别意义的音素却是有限的。音位就是在一种语言或方言说出的所有音素的基础上,根据区别意义的功能归纳出来的单位。音素用方括号"[ ]"表示,音位用双斜线"/ /"表示。

如普通话里,人们能发出几种不同的 a 音,舌头靠前一点儿的记作[a],舌头靠后一点儿的记作[ɑ],但是它们并不区别意义,例如假使把"[pɑu]"(抱)念成"[pau]",不会变成另一个词,所以这些听感相似又不区别意义的 a 可以归纳为一个音位/a/。又如有的方言区的人不能区分的[n]和[l]两个音,在普通话里可以区别意义,"lán"(蓝)≠"nán"(难),所以[n]和[l]分属两个不同的音位/n/和/l/。

三、语音符号

记录语音必须使用一定的符号,记录现代汉语语音常用的语音符号有两种。

(一)《汉语拼音方案》

《汉语拼音方案》1958 年正式颁布实施,用以记录现代汉语标准音——普通话的语音。

《汉语拼音方案》产生之前,有几种给汉字注音的方法。最早是用汉字注音的直音法和反切法;17 世纪开始有人设计用罗马字母为汉字注音的方案,著名的有威妥玛拼音、国语罗马字和北方拉丁字等方案;还有汉字笔画类型的注音方案,如"注音字母"(后来改称"注音符号")。新中国成立后,中国文字改革委员会广泛征求意见,反复讨论,制定了《汉语拼音方案》。

《汉语拼音方案》吸取了以往各种汉字注音方案的经验,是几十年来创制拼音字母经验的总结。它立足于现代汉语普通话语音系统,采用国际上通用的拉丁字母,记录的是语音中的最小单位——音素,是一个比较科学、合理的拼音方案。现在《汉语拼音方案》已经在国内外广泛应用。

汉语拼音的主要用途是给汉字注音和推广普通话。在基础教育阶段拼音能帮助孩子学习母语,提高识字效率;外国人可以直接通过汉语拼音学习汉语口语,提高读写水平;对方言区的人来说,汉语拼音是纠正方音、学好普通话的工具。现在《汉语拼音方案》在很多领域发挥着作用,如作为中国人名、地名等的拼写标准,做编排索引的主要依据,也是选用人数最多的电脑拼音输入法的基础,还是少数民族创制、改进文字的共同基础。

(二)国际音标

国际音标(International Phonetic Alphabet,简称 IPA)是 19 世纪

末欧洲的语言学家们制定的一套记音符号,由国际语音协会(International Phonetic Association)在1888年公布,曾修订过多次。

国际音标的特点是精确、通用和开放。它的制定原则是"一音一符,一符一音",即一个音素只用一个符号表示,一个符号只表示一个音素。这套国际音标以拉丁字母为基础,加入一些别的字母作补充,主要符号有一百多个,还有不少附加符号,具有极强的精确性。国际音标可以用来记录各国的语音,还可以根据需要按照国际语音协会规定的原则加以修改或增删,具有通用性和开放性。在用国际音标记录汉语语音时,我国语言学家增加了舌尖元音等音标,还编制了《中国通用音标符号集》(GF 3007-2006)。

国际音标是语言工作者必须掌握的记音工具。从事语音调查研究,如调查记录各种语言、方言的语音,比较各类语音上的异同等,都需采用国际音标。

复习与练习(一)

一、复习题

1. 什么是语音?举例说明哪些声音不是语音。
2. 画出发音器官的口腔部分,指出各部分的名称。
3. 什么是语音四要素?它们在语音中的具体表现是什么?
4. 如何理解语音的社会属性?
5. 什么是音节?什么是音素?
6. 辅音、元音与声母、韵母的关系是怎样的?
7. 《汉语拼音方案》适用于哪些领域?是否可以用来拼写英语和广州话?
8. 国际音标的特点是什么?

二、练习题

1. 简述下列对象的区别。

   (1) 口音和鼻音。

   (2) 元音和辅音。

   (3) 元音辅音和声母韵母。

2. 将下列拼音按元音、辅音归类。
   (1) n   (2) sh   (3) i   (4) r
   (5) e   (6) ng   (7) ü   (8) d
3. 指出下面两句话中所包括的音节数目和音素数目。
   (1) 太谢谢您了。
   (2) Thank you very much.

【课程延伸内容】

语音的声学表现

语音是声音的一种,它的本质是振动,存在形式是声波。声波是由物体振动产生的,人耳对一定频率范围内的声波振动有反应,听觉神经受到刺激,产生声音的感觉。声波的振动可以借助图形表现出来,单纯音的声波曲线同数学的正弦波非常相似(参见图 2-3)。声音在物理上具有的音高、音强、音长和音色四要素都能在波形图上显示出来。

音高决定于发音体振动的频率。空气质点完成一个全振动所需要的时间称为"周期",而在一定时间(1 秒钟)内完成振动的次数就是"频率",频率的单位是"赫兹(Hz)"。振动次数多,频率就高,声音听起来就高,相反则低。图 2-3 中 B 声音的音高比 A 声音高。

音强决定于物体振动的幅度。振幅大则声音强,相反则弱。如图 2-3 的 A 声音比 B 声音强。

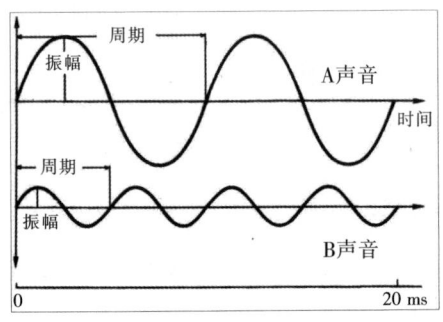

图 2-3 纯音声波示意图

音长决定于物体振动的时间长度。振动时间长,声音就长,相反则短。

音色的差别可以在声波的波纹形态上反映出来。世界上的声音大多数都不是纯音,而是由若干个单纯音组成的复合音,复合音形成的复杂波形叫作复波(参见图 2-4、2-5)。复合音分为乐音和噪音两大类。乐音的声波有周期性,听起来和谐悦耳,元音[A]就属于乐音;噪音的声波杂乱,没有规律,缺少周期性,听起来比较刺耳,辅音[s]就属于噪音。

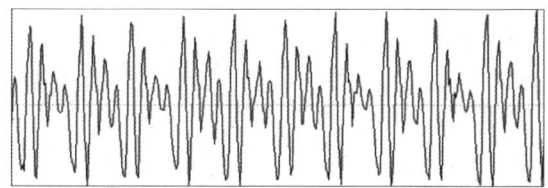

图 2-4　乐音音波,元音[A]声波图

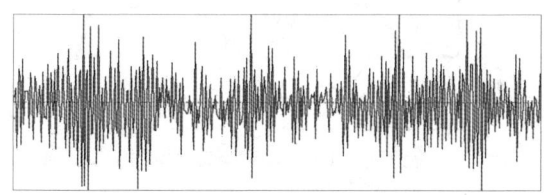

图 2-5　噪音音波,辅音[s]声波图

下面是使用语音分析软件(Praat)分析普通话语流"现代汉语"所展示出来的声学波形图和频谱图。

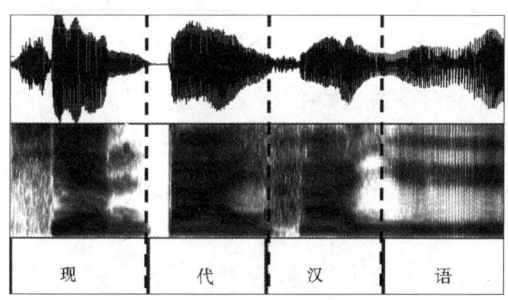

图 2-6　普通话语流"现代汉语"的语图

第二节　声母

一、辅音声母的发音

现代汉语声母除零声母外都是由辅音充当的。辅音的不同取决于发音部位和发音方法。**发音部位指发音时形成阻碍的部位；发音方法是发音器官阻碍气流和解除阻碍的方法。**

(一) 发音部位

要形成阻碍，通常是口腔中的上下两个发音部位共同作用。普通话的辅音声母使用的下发音部位有下唇和舌头，上发音部位有七个（参见图2-7）。

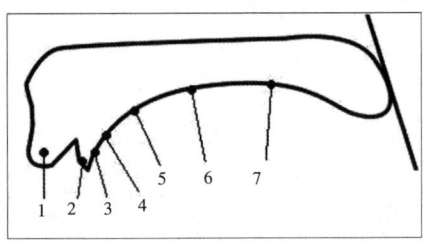

1. 上唇　2. 上齿　3. 上齿背　4. 上齿龈　5. 硬腭前　6. 硬腭中　7. 软腭

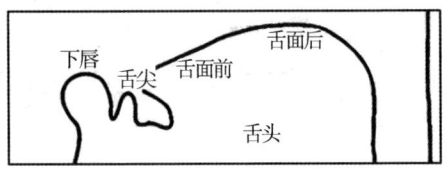

图 2-7　上、下发音部位图

根据辅音发音时下发音部位与上发音部位的相互关系，可以把普通话辅音声母分为七类：

(1) 双唇音　上下唇形成阻碍，如 b、p、m。

(2) 唇齿音　上齿和下唇靠近形成阻碍，如 f。

(3) 舌尖前音　舌尖平伸，接触或靠近齿背形成阻碍，如 z、c、s。

(4) 舌尖中音　舌尖抵住上齿龈或齿龈边缘形成阻碍，如 d、t、n、l。

(5) 舌尖后音　舌尖翘起，抵住或靠近硬腭前部形成阻碍，如 zh、

ch、sh、r。

(6) 舌面前音　舌面前部抵住或靠近硬腭中部形成阻碍,如 j、q、x。

(7) 舌面后音　舌面后部抵住或靠近软腭形成阻碍,如 g、k、h。

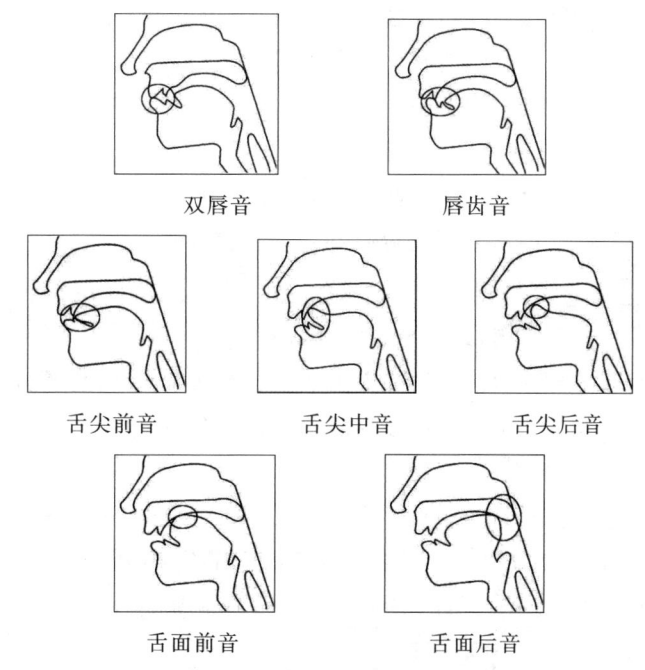

图 2-8　普通话辅音声母发音部位

(二) 发音方法

辅音的发音方法可从阻碍的方式、声带是否振动、气流的强弱三方面来观察。

1. 阻碍的方式

辅音发音是一个从形成阻碍到解除阻碍的过程,可以分出三个阶段:成阻(形成阻碍)—持阻(阻碍持续)—除阻(阻碍解除)。根据成阻和除阻方式的不同,普通话的辅音可以分成五类,其中塞音、擦音、塞擦音和边音在发音部位形成阻碍的同时,软腭是上升的,堵塞鼻腔通路,发出来的都是口音。

(1) 塞(sè)音　上下发音部位形成闭塞,气流骤然冲破阻碍,爆发成声,如 b、p、d、t、g、k。

(2) 擦音　上下发音部位靠近,形成窄缝,气流从窄缝中挤出,摩擦成声,如 f、h、x、sh、r、s。

(3) 塞擦音　上下发音部位先形成闭塞,然后气流把阻塞部位冲开一条窄缝,从窄缝中挤出,摩擦成声,如 j、q、zh、ch、z、c。

(4) 鼻音　口腔中的某一部位完全闭塞,同时软腭下降,打开鼻腔的通路,声带振动,气流从鼻腔流出,共鸣成声,如 m、n、ng。其中 ng 在普通话里不做声母,只做韵尾。

(5) 边音　舌尖与上齿龈接触,堵塞气流,但舌头的两边留有空隙,声带振动,气流从舌头两边通过,摩擦成声,如 l。

2. 声带是否振动

发音时声带不振动,这种辅音叫清音。

发音时声带振动,这种辅音叫浊音。普通话的浊音声母只有四个:m、n、l、r。其余辅音声母都是清音。辅音韵尾 ng 也是浊音。

3. 气流的强弱

塞音和塞擦音有送气强弱的区别。肺部呼出的气流较强时形成的音叫送气音,如 p、t、k、q、ch、c;肺部呼出的气流较弱时形成的音叫不送气音,如 b、d、g、j、zh、z。擦音不区分气流强弱。

(三) 辅音声母的发音情况

普通话共 21 个辅音声母,基本上是一个拼音字母表示一个辅音,双字母辅音声母只有三个:zh、ch、sh。另外,辅音韵尾 ng 也是双字母表示一个辅音。《汉语拼音方案》的声母表是按发音部位分组排列的。

b[p] 双唇不送气清塞音。双唇闭合,软腭上升堵塞鼻腔通路,声带不振动,然后微弱的气流冲破双唇的阻碍,爆发成声,如"宝贝(bǎobèi)"。

p[pʰ] 双唇送气清塞音。发音状况与 b 大致相同,只是从肺部呼出的气流较强,如"品牌(pǐnpái)"。

m[m] 双唇浊鼻音。双唇紧闭,软腭下垂打开鼻腔通路,声带振动,气流从鼻腔通过,如"渺茫(miǎománg)"。

f[f] 唇齿清擦音。下唇轻触上齿,软腭上升堵塞鼻腔通路,声带不振动,气流从唇齿之间的窄缝中挤出,摩擦成声,如"反复(fǎnfù)"。

d[t] 舌尖中不送气清塞音。舌尖抵住上齿龈,软腭上升堵塞鼻腔通路,声带不振动,微弱的气流冲破舌尖的阻碍,爆发成声,如"到达(dàodá)"。

t[tʰ] 舌尖中送气清塞音。发音状况与 d 大致相同,只是呼出的气流较强,如"天堂(tiāntáng)"。

n[n] 舌尖中浊鼻音。舌尖抵住上齿龈阻塞口腔气流,软腭下降打开鼻腔通路,声带振动,气流从鼻腔通过,如"恼怒(nǎonù)"。

l[l] 舌尖中浊边音。舌尖抵住上齿龈,软腭上升堵塞鼻腔通路,声带振动,气流从舌头两边通过,如"流利(liúlì)"。

g[k] 舌面后不送气清塞音。舌面后部抵住软腭,软腭上升堵塞鼻腔通路,声带不振动,微弱的气流冲破舌面后的阻碍,爆发成声,如"广告(guǎnggào)"。

k[kʰ] 舌面后送气清塞音。发音的状况与 g 大致相同,只是呼出的气流较强,如"慷慨(kāngkǎi)"。

h[x] 舌面后清擦音。舌面后部靠近软腭,软腭上升堵塞鼻腔通路,声带不振动,气流从舌面后部和软腭之间的窄缝中挤出,摩擦成声,如"呵护(hēhù)"。

j[tɕ] 舌面前不送气清塞擦音。舌面前部抵住硬腭前,软腭上升堵塞鼻腔通路,声带不振动,微弱的气流在舌面和硬腭之间冲开一条窄缝,摩擦成声,如"解决(jiějué)"。

q[tɕʰ] 舌面前送气清塞擦音。发音状况与 j 大致相同,只是呼出的气流较强。例如"全球(quánqiú)"。

x[ɕ] 舌面前清擦音。舌面前部靠近硬腭前,软腭上升堵塞鼻腔通路,声带不振动,气流从舌面前部和硬腭之间的窄缝中挤出,摩擦成声,如"学习(xuéxí)"。

zh[tʂ] 舌尖后不送气清塞擦音。舌尖翘起抵住硬腭前部,软腭上升堵塞鼻腔通路,声带不振动,微弱的气流在舌尖和硬腭之间冲开一条窄缝,摩擦成声,如"注重(zhùzhòng)"。

ch[tʂʰ] 舌尖后送气清塞擦音。发音状况与 zh 大致相同,只是呼出的气流较强,如"出差(chū chāi)"。

sh[ʂ] 舌尖后清擦音。舌尖翘起靠近硬腭前部,软腭上升堵塞鼻腔通路,声带不振动,气流从舌尖和硬腭之间的窄缝中挤出,摩擦成声,如"神圣(shénshèng)"。

r[ʐ] 舌尖后浊擦音。发音状况与 sh 大致相同,只是声带要振动,如"仍然(réngrán)"。

z[ts] 舌尖前不送气清塞擦音。舌尖轻触齿背,软腭上升堵塞鼻腔通路,声带不振动,微弱的气流在舌尖和齿背之间冲开一条窄缝,摩擦成声,如"自责(zìzé)"。

c[tsʰ] 舌尖前送气清塞擦音。发音状况与 z 大致相同,只是呼出的气流较强,如"层次(céngcì)"。

s[s] 舌尖前清擦音。舌尖靠近齿背,软腭上升堵塞鼻腔通路,声带不振动,气流从舌尖和齿背之间的窄缝中挤出,摩擦成声,如"搜索(sōusuǒ)"。

表 2-1 普通话辅音声母总表

名称 发音部位 辅音 声母 发音方法			唇音		舌尖前音		舌尖中音	舌尖后音	舌面前音	舌面后音
			双唇音	唇齿音						
			上唇	下唇	上齿	下唇	舌尖	齿背	舌尖	上齿龈	舌尖	硬腭前	舌面前	硬腭中	舌面后	软腭
塞音	清	不送气	b[p]						d[t]			g[k]
		送气	p[pʰ]						t[tʰ]			k[kʰ]
塞擦音	清	不送气					z[ts]			zh[tʂ]	j[tɕ]	
		送气					c[tsʰ]			ch[tʂʰ]	q[tɕʰ]	
擦音	清				f[f]		s[s]			sh[ʂ]	x[ɕ]	h[x]
	浊									r[ʐ]		
鼻音	浊		m[m]						n[n]			
边音	浊								l[l]			

二、零声母

普通话里有一些音节的开头部分没有辅音声母,这种音节的声母就叫**"零声母"**,这种音节称为**零声母音节**,如"偶(ǒu)""杨(yáng)""位(wèi)"和"原(yuán)"的声母都是零声母,这些音节都是零声母音节。

零声母音节书面上以元音开头,其实严格地说并不是以纯粹的元音开头,而是以轻微的喉塞音,或者与起始元音部位相同的轻微的摩擦音开头。具体表现为:

以 a、o 和 e 开头的音节,带有轻微的喉塞成分[ʔ];

以 i 开头的音节,带有半元音[j]的摩擦成分;

以 u 开头的音节,带有半元音[w]的摩擦成分;

以 ü 开头的音节,带有半元音[ɥ]的摩擦成分。

在实际发音时,这些喉塞或摩擦成分不明显。书面上为了使音节界限分明,《汉语拼音方案》规定以"i、u、ü"开头的音节要分别加上"y、w",如"一(yī)""乌(wū)";或者改写为"y、w、yu",如"烟(yān)""歪(wāi)""迂(yū)""赟(yūn)"。需要注意的是,"y、w"这两个字母不是声母,只是起隔音作用的字母。

复习与练习(二)

一、复习题

1. 普通话辅音根据发音部位可以分为哪些类别?

2. 什么是发音方法?根据不同的发音方法可以将普通话的辅音分为哪些类别?

3. 什么是零声母?

4. 请标写出普通话中各辅音的国际音标。

二、练习题

1. 请指出:

(1) 普通话里哪些声母是送气和不送气成对出现的?

(2) 普通话里哪些声母是塞音、塞擦音和擦音相配出现的?

2. 汉语拼音和国际音标在拼写普通话辅音声母的时候所用的符号有哪些是不一致的？将不一致的符号列举出来。

3. 请从发音部位和发音方法两方面分析描写下列声母。

  b ch x l k z

4. 根据下列发音部位和发音方法，指出其所描写的是哪个声母。

  双唇送气清塞音____ 唇齿清擦音____

  舌面后不送气清塞音____ 舌面前不送气清塞擦音____

  舌尖后浊擦音____ 舌尖中浊鼻音____

5. 有人认为，零声母中的"零"表示"没有"，零声母就是"没有声母"。因此普通话音节可以根据有无声母分为两类：一类是有声母音节，如 ban；一类是无声母音节，即零声母音节，如 an。这种看法对不对？为什么？

6. 给面一段歌词的每个音节标注声母。

  你是一座高高的山峰，矗立在蓝天；

  肩上的道义，笔下的风采，筑成民族的尊严。

  你是一条长长的大江，延伸到天边；

  甘甜的乳汁，芬芳的桃李，连结四海的眷恋。

  山高水长，根深叶茂，上下求索，海纳百川。

  悠悠寸草心怎样报得三春暖，

  千百个梦里总把校园当家园。

7. 填表。

（1）将下列汉字按声母发音部位归类。

  散 从 宝 路 自 数 笑 荣 红 结

  更 口 出 铺 马 飞 同 词 强 度

发音部位	汉字
双唇	
唇齿	
舌尖前	
舌尖中	
舌尖后	
舌面前	
舌面后	

(2) 将下列汉字按声母发音方法(成阻、除阻)归类。

去 成 差 此 烂 回 森 光 蹦 鸟
阔 组 修 沙 日 抢 品 边 现 紧

发音方法	汉字
塞音	
塞擦音	
擦音	
鼻音	
边音	

8. 朗读练习，读准下列词语。
   (1) 娘家—良家　泥巴—篱笆　镊子—列子　浓重—隆重
       年假—廉价　宁夏—零下　内人—泪人　男女—褴褛
       牛黄—硫黄　南部—蓝布　恼怒—老路　年华—莲花
       泥人—离任　狰狞—政令　暖风—恋峰　拿开—拉开
   (2) 废话—绘画　开发—开花　佛学—活学　芬芳—混纺
       犯病—患病　乏力—华丽　方糖—荒唐　发生—花生
       防虫—蝗虫　奋战—混战　花费—花卉　分辨—婚变
       腐烂—护栏　返京—环境　废弃—晦气　幸福—姓胡
       翻新—欢心　斧头—虎头　分菜—荤菜　开房—开航
       幅度—弧度　非法—挥发　发挥—花卉　福利—狐狸
   (3) 摘花—栽花　炸鸡—杂技　照旧—造就　蒸糕—增高
       正品—赠品　志愿—自愿　支援—资源　专心—钻心
       主力—阻力　战时—暂时　终结—总结　嘱咐—祖父
   (4) 成绩—层级　禅寺—蚕丝　推迟—推辞　初步—粗布
       出气—促膝　春装—村庄　吹动—催动　小炒—小草
       木柴—木材　充裕—葱郁　呈报—层报　纯利—存利
   (5) 闪光—散光　善心—散心　诗人—私人　熟字—俗字
       水稻—隧道　商业—桑叶　师长—司长　史诗—死尸
       示意—肆意　硕士—唆使　栓剂—算计　受训—搜寻
   (6) 师范—稀饭　池子—旗子　制度—季度　纸巾—几斤
       知识—积习　知道—击倒　师生—牺牲　柿子—戏子

诗词—稀奇	施事—嬉戏	驰名—齐名	迟到—祈祷
公职—攻击	执行—极刑	智慧—忌讳	杂志—杂技
志气—机器	著作—剧作	收拾—休息	舌根—鞋跟
字母—继母	滋味—鸡味	磁石—奇袭	刺猬—气味
名次—名气	工资—公鸡	资金—基金	辞职—奇迹
子女—妓女	私有—稀有	丝瓜—西瓜	死讯—喜讯
自己—积极	字号—记号	磁盘—棋盘	松手—凶手

【课程延伸内容】

声母辨正

学习普通话往往会遇到发不准某些音或者念不准某些字的困难。要正确分辨不同声母的发音,念准声母、读准字音,就要掌握声母发音的基本方法,找准上下发音部位。有时还可以利用形声字的某些声旁,凭声旁记住哪些字念什么声母,特别是要记住容易读错的字音(参见附录二的"难辨声母对照辨音字表")。

(一) n 和 l

普通话的 n 和 l 两个音在某些方言里分不清,发音有困难。这两个声母的发音部位相同,只是发音方法不同。要分辨它们,首先要掌握不同的发音方法:n 是鼻音,发音时软腭要下降,气流从鼻腔出来;l 是边音,发音时软腭上升,气流从舌头两边出来,不从鼻腔出去。练习时可以尝试捏着鼻孔,如果感觉捏着鼻孔发音不困难,耳膜无鸣声,那就是 l 音;如果感觉发音有困难,耳膜有鸣声,那就是 n 音。

其次是要记住哪些字是 n 音,哪些字是 l 音。可以采取记少不记多的办法。普通话中 n 声母字比 l 声母字少,记住 n 声母常用字,其他一般就是 l 声母字了。还可以利用声韵调的拼合规律来记。比如:

n 可以和 en 相拼,而 l 不行,所以"嫩"一定是 n 声母字;

n 不和 un 相拼,l 可以,因此"论、伦、轮、抡"一定是 l 声母字;

l 能和韵母 ia 相拼,而 n 不行,因此"俩"一定是 l 声母。

此外，利用形声字的偏旁记住少数代表字，类推其他的字，对区分 n 和 l 也有帮助(参见附录二的"n、l 偏旁类推字对照表")。例如：

n 声母：

宁——拧、柠、狞、咛、泞

尼——妮、泥、昵、旎

那——哪、娜、挪

农——浓、脓、哝

奴——怒、努、驽、弩

脑——恼、瑙、垴

l 声母：

力——历、荔、沥、呖、雳、枥、劣、肋、勒

利——莉、梨、犁、俐、痢、猁、蜊

令——领、玲、零、岭、铃、龄、伶、翎、聆、羚、苓、怜、冷

劳——捞、涝、唠、痨、崂

老——姥、佬

龙——笼、拢、陇、聋、垄、珑、胧

(二) f 和 h

f 和 h 都是清擦音，区别在于发音部位：f 是上齿和下唇阻碍气流，h 是舌面后部和软腭阻碍气流。

f 和 h 不分的人要熟记哪些字声母是 f，哪些字声母是 h。可以利用声韵调配合规律来记。比如：

h 可以和所有合口呼韵母相拼；而 f 除了 u 以外，和其他合口呼韵母都不能相拼。

和开口呼相拼时，不能跟 h 相拼的只有 o；而 f 跟 e、ai、ao 都不能相拼。

(三) zh、ch、sh 和 z、c、s

这两组声母发音部位很不相同，zh 组声母是翘舌音，发音时舌尖要向上翘起，抵住硬腭前部；z 组声母是平舌音，发音时舌头平伸，舌尖抵住齿背。

要记住哪些字的声母是翘舌,哪些读平舌,可以借助声韵调配合规律来分辨。比如:

ua、uai、uang 这三个韵母只和舌尖后音相拼,不和舌尖前音相拼,因此"刷、踹、装"等字只能是舌尖后音。

普通话只有 song,没有 shong,因此,"送、松、颂、诵、耸、讼"等字只能是平舌音。

ze 除了"仄、昃"是去声外,只有阳平,ce、se 只有去声,因此像"者、遮、浙、这"这些都不是阳平调的字,只能是舌尖后音,"车、扯、舌、蛇、奢"等字都不是去声,也只能是舌尖后音。

(四) zh、ch、sh、z、c、s 和 j、q、x

有些方言,如广州话里只有舌叶音,没有舌尖前音和舌尖后音,舌叶音听起来近似 j、q、x,广州话的"工资",北方人听起来就像"公鸡"了。要发好这三组音,首先要注意找准这三组音的发音部位,区分发出 zh、z 组声母的舌尖部位,以及发出 j 组声母的舌面部位。

要记住普通话里哪些字是舌面前音,哪些字是舌尖前音,哪些字是舌尖后音,可以利用声韵调配合规律,如:"j、q、x"是不和开口呼、合口呼相拼的,而"zh、ch、sh、z、c、s"则不和齐齿呼和撮口呼相拼。

第三节　韵母

一、韵母的分类和发音

普通话一共有 39 个韵母,按照韵母中出现的音素数目和音素性质,可分为单韵母、复韵母和鼻韵母三类。

(一) 单韵母

由单元音独立充当的韵母叫单韵母,也叫单元音韵母。普通话里有 10 个单韵母,分别是:a、o、e、ê、i、u、ü、-i[ɿ]、-i[ʅ]、er。

单元音发音时,口形始终保持不变。根据发音时舌头紧张的部位,可分为三类:舌面元音、舌尖元音、卷舌元音。

1. 舌面元音

舌面元音是指由舌面与硬腭调节共鸣腔形状而形成的元音。舌头的升降伸缩、唇形的圆展使得口腔形成不同形状的共鸣腔,声音通过口腔时便形成了不同的音色。可以根据以下三方面来观察舌面元音的形成过程。

(1) 舌位的高低:舌位是指发音时舌头最高点所在的位置。舌位的高低与口腔的开口度关系密切,舌位越高,开口度越小;舌位越低,开口度越大。根据舌位的高低可以把元音分为高元音(如 i、u、ü)、半高元音(如 e、o)、半低元音(如 ê)、低元音(如 a[A])。

(2) 舌位的前后:根据舌位前伸后缩的不同,把元音分为前元音(如 i、ü)、央元音(如 a[A])、后元音(如 u、o)。

(3) 唇形的圆展:根据发音时嘴唇是拢圆的还是平展的,把元音分为圆唇元音(如 u、ü、o)和不圆唇元音(也叫"展唇元音",如 i、a、e)。

舌面元音可用下面的舌位图表示:

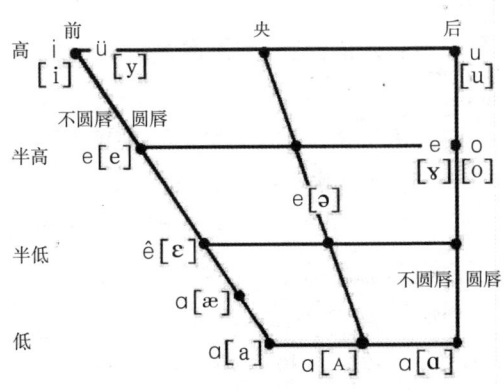

图 2-9 舌面元音舌位图

普通话可以充当单韵母的舌面元音有 a、o、e、ê、i、u、ü 七个,它们的发音情况如下:

a[A] 舌面央低不圆唇元音(即舌面元音、央元音、低元音、不圆唇元音的简称,以下类推)。发音时,口大开,舌位低,舌头居中央,不前不后,双唇平展,如"马达"中的 a。

o[o] 舌面后半高圆唇元音。发音时,口半闭,舌位半高,舌头后缩,双唇拢圆,如"泼墨"中的o。

e[ɤ]　舌面后半高不圆唇元音。发音方法与o基本相同,但双唇要平展,如"色泽"中的e。

i[i]　舌面前高不圆唇元音。发音时,舌头前伸,舌尖抵住下齿背,双唇平展,如"机器"中的i。

u[u]　舌面后高圆唇元音。发音时,舌头后缩,舌面后靠近软腭,双唇拢圆,留一小孔,如"父母"中的u。

ü[y]　舌面前高圆唇元音。发音方法与i基本相同,但双唇要前伸拢圆,如"区域"中的ü。

ê[ɛ]　舌面前半低不圆唇元音。发音时,口半开,舌头前伸,舌尖抵住下齿背,舌位半低,双唇展开。ê作为单元音韵母只出现在叹词"欸"中。

七个舌面元音中,a、o、e、i、u、ü六个既能单独成音节,也能前加声母;ê只能自成音节。

2. 舌尖元音

舌尖元音是一种特殊的元音,主要靠舌尖的前后活动和唇形的圆展来调节气流。

-i[ɿ]　舌尖前高不圆唇元音,又称为舌尖前元音。发音时,舌尖前伸靠近上齿背,气流经过狭窄的通路,但不发生摩擦,双唇平展,如"私自"中的-i。-i[ɿ]只能与声母z、c、s相拼。练习时可以念"zi(资)、ci(疵)、si(思)"并拉长,后面部分的音就是-i[ɿ]。

-i[ʅ]　舌尖后高不圆唇元音,又称为舌尖后元音。发音时,舌尖上翘,靠近硬腭前部,气流经过狭窄的通路,但不发生摩擦,双唇平展,如"实质"中的-i。-i[ʅ]只能和声母"zh、ch、sh、r"相拼。练习时可以念"zhi(支)、chi(吃)、shi(诗)、ri(日)"并拉长,后面部分的音就是-i[ʅ]。

这两个舌尖元音不能单独成音节,必须前加声母。《汉语拼音方案》用一个字母i代表舌尖元音-i[ɿ]、-i[ʅ]与舌面元音i[i]这三个不同的音素,如"资[tsɿ]""支[tʂʅ]""机[tɕi]"的韵母都用i表示。因为它们出现的语音环境各不相同,不会发生混淆,出现在z、c、s后面的i一定是[ɿ],在zh、ch、sh、r后面的一定是[ʅ],其他声母后的则都是[i]。

3. 卷舌元音

er[ɚ] 卷舌元音的发音是发央元音[ə]的同时舌尖向接近硬腭的方向卷起。发央元音[ə]时，口略开，舌位不前不后，不高不低，唇形不圆。在做这一发音动作的同时，舌尖上卷，整个元音有明显的卷舌色彩。er 是两个字母代表一个音素，其中的"r"是表示卷舌的动作，并不代表音素，因此它也是单元音。

卷舌元音 er 只能自成音节，不和任何辅音声母相拼，读 er 的字有限，如"耳、而、二、儿、尔、饵、迩、贰"等。

(二) 复韵母

由复元音充当的韵母叫复韵母，又叫复元音韵母。 复韵母的发音是从一个元音快速滑到另一个元音，舌位的前后、口腔的开闭、唇形的圆展都有变化，但都是渐变而非突变，中间有一串过渡音，如复元音"ai"是从"a"开始，向"i"滑动，中间会经过[æ]→[ɛ]→[e]等一串过渡音。

复元音的表示方法一般是使用两个（首音和尾音）或三个代表元音（首音、中音和尾音）结合在一起。在两个或三个代表元音中，一定有一个元音是开口度较大、舌位较低、听起来较为清晰响亮的，称为"主要元音"。

普通话的复韵母一共有 13 个，根据响度较大的主要元音所在的位置，可分为以下三类。

1. 前响复韵母

复韵母中前一个元音比后一个元音开口度大，声音较为响亮。发音时，前音清晰，后音相对轻短模糊。普通话共有四个前响复韵母：

ai[ai] 爱戴(àidài)　　　　ei[ei] 蓓蕾(bèilěi)

ao[ɑu] 高考(gāokǎo)　　　ou[ou] 喉头(hóutóu)

ao[ɑu]是从 a 滑向 u。《汉语拼音方案》规定将[ɑu]写作"ao"，是为了避免手写体的"u"和"n"相混。"iao"也是同样处理的结果。

2. 后响复韵母

复韵母中后一个元音比前一个元音开口度大，声音较为响亮。发音时，前音相对轻短，表示一个起始动作，后音的发音清晰响亮。普通

话共有五个后响复韵母:

ia[iA]　恰恰(qiàqià)　　ie[iɛ]　歇业(xiē yè)
ua[uA]　挂画(guà huà)　uo[uo]　堕落(duòluò)
üe[yɛ]　决绝(juéjué)

ie 和 üe 中,主要元音的发音跟单韵母"ê"的发音相同。

3. 中响复韵母

复韵母有三个代表元音,中间的元音比前后元音的开口度都大,发音最响亮。发音时,首音相对轻短,表示一个起始动作;过渡到中间的元音时发音清晰响亮,尾音轻短模糊,表示滑动方向。普通话共有四个中响复韵母:

iao[iɑu]　药效(yàoxiào)　　uai[uai]　外快(wàikuài)
iou[iou]　优秀(yōuxiù)　　 uei[uei]　尾随(wěisuí)

《汉语拼音方案》规定,iou、uei 跟辅音声母相拼时,省写中间的元音字母,声调符号统一标在后一个元音上,如"xiū(修)""huī(灰)"。

(三) 鼻韵母

由元音跟鼻辅音韵尾构成的韵母叫鼻韵母,又叫带鼻音韵母。 普通话鼻韵母的辅音韵尾只有"n、ng"两个,它们做韵尾时的发音称为"唯闭音",即发音过程只有成阻和持阻阶段,没有除阻阶段,这与鼻音声母有成阻、持阻和除阻三个完整的发音阶段不一样。

普通话的鼻韵母共有 16 个,根据鼻韵尾的不同可以分为两类。

1. 前鼻音韵母(又叫舌尖中鼻音韵母)

由元音加舌尖中浊鼻音韵尾 n 构成,一共有八个。这八个韵母发音时,先发单元音或复元音,然后舌尖抵住上齿龈,紧接着软腭下降,气流在鼻腔共鸣,形成前鼻音韵母。

an[an]　　贪婪(tānlán)　　　ian[iæn]　见面(jiàn miàn)
uan[uan]　专断(zhuānduàn)　üan[yæn]　渊源(yuānyuán)
en[ən]　　恩人(ēnrén)　　　uen[uən]　温存(wēncún)
in[in]　　金银(jīnyín)　　　ün[yn]　　均匀(jūnyún)

在 an、uan、ian 和 üan 这一组韵母中,虽然主要元音的拼音都是"a",但在普通话中的实际发音是不同的,an 和 uan 的主要元音读[a],ian 和 üan 的主要元音读[æ]。

《汉语拼音方案》规定,uen 跟辅音声母相拼时,省写中间的元音,声调符号标在前面的元音上,如"sūn(孙)"。

2. 后鼻音韵母(又叫舌面后鼻音韵母)

由元音加舌面后浊鼻音韵尾 ng[ŋ]构成,普通话后鼻音韵母也是八个。发音时先发元音,发好元音后,紧接着舌面后部向软腭移动,抵住软腭,气流从鼻腔通过,形成后鼻音韵母。

ang[ɑŋ] 当场(dāngchǎng)　iang[iɑŋ] 奖项(jiǎngxiàng)
uang[uɑŋ] 狂妄(kuángwàng)　ing[iŋ] 情景(qíngjǐng)
eng[əŋ] 更正(gēngzhèng)　ueng[uəŋ] 嗡嗡(wēngwēng)
ong[uŋ] 从容(cóngróng)　iong[yŋ] 炯炯(jiǒngjiǒng)

需要注意的是,韵母 ong 的元音不是 o,而是[u];韵母 iong 的元音是[y],不是 io。

韵母 ueng[uəŋ]只能自成音节,不和任何辅音声母相拼。

二、韵母的结构与"四呼"

1. 韵头、韵腹和韵尾

普通话韵母可分为三部分:韵头、韵腹、韵尾。

韵腹是韵母的核心部分,由开口度较大、发音较响亮的主要元音充当。韵腹是普通话音节中必不可少的部分,如果韵母是单元音韵母,那么这个元音就是韵腹。复韵母分类"前响、后响、中响"中的"响",就是指韵腹所在的位置。

韵腹前面的是韵头,普通话只有高元音 i、u、ü 可以充当韵头。因为韵头介于声母和韵腹之间,所以又叫"介音"。

韵腹后面的部分叫韵尾,普通话可以充当韵尾的只有 i 和 u 两个高元音(ao、iao 的韵尾其实也是 u),以及鼻辅音 n 和 ng。

普通话的韵母不一定同时出现韵头、韵腹和韵尾。有的韵母只有韵头和韵腹,有的只有韵腹和韵尾,最简单的只有韵腹一个部分。

2."四呼"

根据韵母开头元音发音的口形,可以把韵母分为四类,传统音韵学称之为"四呼"。

开口呼:没有韵头,韵腹不是i、u、ü的韵母。舌尖元音单韵母属于开口呼而不是齐齿呼,因为它们的元音不是[i],而是[ʅ]和[ɿ]。

齐齿呼:韵头或韵腹为i的韵母。

合口呼:韵头或韵腹为u的韵母。韵母ong的实际读音是[uŋ],也属于合口呼。

撮口呼:韵头或韵腹为ü的韵母。韵母iong的实际读音是[yŋ],也属于撮口呼。

表2-2 普通话韵母总表

音素数量和性质 / 口形韵母	开口呼	齐齿呼	合口呼	撮口呼
单韵母（单元音韵母）	-i[ʅ][ɿ]	i[i]	u[u]	ü[y]
	a[A]			
	o[o]			
	e[ɤ]			
	ê[ɛ]			
	er[ɚ]			
复韵母（复元音韵母）		ia[iA]	ua[uA]	
			uo[uo]	
		ie[iɛ]		üe[yɛ]
	ai[ai]		uai[uai]	
	ei[ei]		uei[uei]	
	ao[au]	iao[iau]		
	ou[ou]	iou[iou]		
鼻韵母（带鼻音韵母）	an[an]	ian[iæn]	uan[uan]	üan[yæn]
	en[ən]	in[in]	uen[uən]	ün[yn]
	ang[ɑŋ]	iang[iɑŋ]	uang[uɑŋ]	
	eng[əŋ]	ing[iŋ]	ueng[uəŋ]	
			ong[uŋ]	iong[yŋ]

复习与练习(三)

一、复习题

1. 画出舌面元音舌位图,并在上面标注出普通话的舌面单元音韵母。
2. 根据构成韵母的音素数量和性质,普通话韵母可以分为几类?
3. 普通话音节中,韵头和韵尾分别可由哪些音充当?
4. 什么是"四呼"?
5. 卷舌元音 er 是不是单元音?为什么?
6. 请用国际音标标写普通话各韵母。

二、练习题

1. 韵母发音分析。

   (1)"恶"和"二"、"鹅"和"而"这两对音节的发音有什么差异?

   (2)"hun"和"jun"两个音节的韵母是否相同?为什么?

   (3)"huī"和"qiū"中声调分别标注在 i 和 u 上,是否说明这两个音节的主要元音分别是 i 和 u?为什么?

2. 找出下面一段歌词中有韵头的字。

   月落乌啼总是千年的风霜,

   涛声依旧不见当初的夜晚。

   今天的你我,怎样重复昨天的故事,

   这一张旧船票,能否登上你的客船。

3. 填表。

   (1)将下列汉字按韵尾归类。

   杭 形 表 按 效 逛 水 有 照 连 劳 黑 对

韵尾	汉字
-i 韵尾	
-u 韵尾	
-n 韵尾	
-ng 韵尾	

(2) 将下列汉字按复韵母类型归类。

傲 赖 鸟 假 拽 被 话 吓 肺 瑞 抓 耐 廖

韵母类型	汉字
前响复韵母	
中响复韵母	
后响复韵母	

(3) 将下列汉字按四呼归类。

凝 望 这 些 雨 蚕 执 勤 奋
军 工 作 我 感 似 穷 浊 欢

四呼	汉字
开口呼	
齐齿呼	
合口呼	
撮口呼	

4. 用汉语拼音和国际音标给下面的古诗注音(只标声母和韵母)。

朝辞白帝彩云间,千里江陵一日还。
两岸猿声啼不住,轻舟已过万重山。

5. 朗读练习。

(1) 容易—荣誉　结集—结局　意义—寓意　绝迹—绝句
　　通信—通讯　意见—预见　雨季—雨具　生意—生育
　　汲取—举起　忌讳—聚会　起名—取名　仪式—于是
　　名义—名誉　意见—遇见　季节—拒绝　美意—美玉

(2) 婆婆　伯伯　默默　薄膜　泼墨　磨破
　　天鹅　舍得　各个　特色　折合　色泽
　　波折　破格　薄荷　磨合　叵测　博得
　　隔膜　刻薄　折磨　河伯　恶魔　磕破

(3) 吹捧　碰头　梦境　风雨　前锋　蒙蔽
　　做梦　风筝　刮风　碰撞　迸裂　崩塌
　　美梦　懵懂　萌芽　渔翁　春风　重逢

(4) 烂漫—浪漫　机关—激光　晚上—网上　环球—黄球
　　申明—声明　诊治—整治　金银—经营　频繁—平凡
　　禁止—静止　新鲜—新乡　船头—床头　新年—新娘

6. 绕口令练习。

(1) 小靳和小居同到银行去储蓄，
　　小靳存七万一千一百七十一元一角七，
　　小居存七万七千七百一十七元七角一，
　　一年去取利息，一人能买一台VCD。

(2) 红凤凰，黄凤凰，红黄墙上画凤凰。
　　红墙上画黄凤凰，黄墙上画红凤凰。
　　红红黄黄色相混，粉墙不见飞凤凰。

【课程延伸内容】

韵母辨正

(一) 分辨 i 和 ü

有的方言没有撮口呼韵母，如西南方言的昆明话、粤方言的阳江话以及客家方言等，这些方言区的人容易把 ü 念成 i。要纠正这种习惯，首先要发好两个音：先发好 i，再把嘴唇拢圆，就能发出 ü 来。然后就是要记住哪些字的韵头或韵腹是 i，哪些字的是 ü。

(二) 分辨鼻音尾韵母 n 和 ng

不少方言区的人会混淆前鼻音韵尾和后鼻音韵尾，尤其是当韵腹是开口度小的元音时最容易混淆，如 in 和 ing、en 和 eng。要发好这两个韵尾，必须先发好 n、ng 两个鼻音，确认音节结束时舌头的位置。发前鼻音 n 时，舌尖要前伸，抵住上齿龈；发后鼻音 ng 时，舌根后缩抵住软腭。

(三) 分辨 o 和 e

某些方言区没有 o 韵母，某些方言区把 o 发成 e；还有的方言区把 e 发成 o。这两个元音发音只是圆唇和不圆唇的区别，发音时注意唇形就可以了。普通话韵母 e 一般不和双唇音、唇齿音声母相拼("me"是例外,也仅限于"么"等极少数语气词)。

(四)分辨 eng 和 ong

有些方言区的人习惯把"风(fēng)"读成"fōng",把"梦(mèng)"读成"mòng",其实只要记住"ong"不能和双唇音、唇齿音声母相拼,这种错误就不会发生了。

(五)避免丢失韵头 i 或 u

有些方言区的人容易把齐齿呼和合口呼韵母的字读成开口呼。如有的方言区的人容易把"对(duì)"说成"dèi",把"推(tuī)"说成"tēi",把"间(jiān)"说成"gān"。在普通话中,双唇音、唇齿音、鼻音、边音声母可以和"ei"相拼。除此之外,其他声母可以"ei"相拼的不多,只有为数不多的一些字,如口语中的"得(děi)""谁(shéi)""这(zhèi)"等。掌握这些声韵母拼合规则,有助于防止韵头的丢失。

韵母辨正详见附录二。

第四节 声调

声调不同于辅音、元音音素,它是依附在音节上能区别意义的音高变化格式,是汉语音节不可缺少的组成部分。

一、调值和调类

汉语是有声调的语言[①],每一个音节除了声母和韵母外,还必须有声调,如普通话[mi]这个音节有平(高平)、升(中升)、曲(先降后升)、降(高降)四种音高变化格式,可以有"咪、靡、米、幂"等不同的汉字与之相对应,表示不同的意义。这四种音高变化格式就是四个声调。

声调的音高是相对的。人的声带各不相同,用仪器记录下来的绝对

---

① 英语没有声调。虽然英语的音节也可以有平降等不同的音高变化,但这些音高变化不区别音节的意义,所以说这种音高变化只是语调,不是声调。

音高会有差异,如一般情况下,女人、小孩的绝对音高会比男人、大人高得多。但是当他们发"大(dà)"这个音时,都是从自己的高音降到低音,发"来(lái)"时都是从自己的中音升到高音,每个人说"大""来"时,音高变化的走势和格局都是基本相同的,这种音高的升降幅度就是相对音高。相对音高的一致可以让不同人之间毫无障碍地交流和相互理解。

汉语的声调包括调值和调类两个方面。

调值是声调的实际音值或读法。"五度标记法"是现在最通行的记录调值的方法,如图 2-10,它把声调高低域大致划分为 5 度:高、半高、中、半低、低,用数字 5、4、3、2、1 表示,5 度最高,1 度最低。五度标记法的数值展示了声调的起点、终点和中间的曲折。普通话的四个声调用五度标记法表示分别为 55、35、214 和 51。

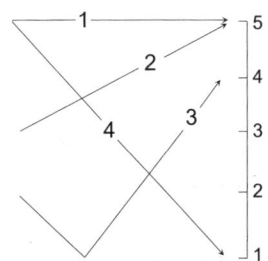

图 2-10　普通话声调调值的五度标记

调类是声调的种类,也就是把全部字音按不同的调值加以分类后得到的类别。有几种基本调值就可以归纳出几种调类。

二、普通话的声调

普通话所有的字音可以分为四个调类,有四种基本调值。

1. 阴平(又叫第一声),调值是 55。从 5 度到 5 度,平稳延续,不升不降,又称为高平调,如"青、春"的声调。

2. 阳平(又叫第二声),调值是 35。从中音 3 度升到高音 5 度,又称为中升调,如"前、途"的声调。

3. 上(shǎng)声(又叫第三声),调值是 214。从半低音 2 度起,先向下降至最低的 1 度,再上升至半高音 4 度,是一个曲折调,又称为降升调,如"美、好"的声调。

4. 去声(又叫第四声),调值是 51。从最高音 5 度降到最低音 1 度,又称为高降调,如"亮、丽"的声调。

《汉语拼音方案》采用简化五度标记法的办法,以"ˉ ˊ ˇ ˋ"分别表示四个声调,这四个标记声调的符号称为"调号"。它形象直观地呈现了普通话四声的音高变化格式,便于书写和学习。调号一般标在主要元音上。

除了调号标记法之外,还有两种常见的声调标记法,即调值数码法和五度竖标法。

表 2-3　普通话声调标记法

调类名称	阴平	阳平	上声	去声	调号位置
例字	酸	甜	苦	辣	
调号标记法	suān	tián	kǔ	là	标在主要元音上
调值数码法	[suan^{55}]	[t^{h}iæn^{35}]	[k^{h}u^{214}]	[lA^{51}]	标在音标右上角
五度竖标法	[suan˥]	[t^{h}iæn˧˥]	[k^{h}u˨˩˦]	[lA˥˩]	标在音标右边

复习与练习(四)

一、复习题

1. 什么是声调?如何理解声调在汉语音节中的重要性?
2. 为什么说声调的音高是相对的?
3. 什么是调值和调类?二者的关系是怎样的?
4. 熟记普通话四个声调的发音,并用三种标调法标写这四个声调。

二、练习题

1. 举出普通话里五组四声皆备的音节,如 mi。
2. 写出下列汉字的拼音,注意声调标注的位置。

　　黄　稳　混　绣　亏　兄　鸥　夏
　　节　随　黑　船　花　香　考　鸳

3. 填表。

(1) 将下列汉字按照调类归类。

　　　伏　笔　湖　泊　高　产　逮　捕　卑　廖
　　　鄙　复　杂　指　甲　穴　道　梁　酿　扇

四声	汉字
阴平	
阳平	
上声	
去声	

(2) 比较下列词语的声调,并写出相应的汉字。

拼音	汉字
biànjiě : biànjié	
dúqì : dǔ qì	
huánxíng : huǎnxíng	
chóushì : chǒushì	
wúlì : wǔlì	
yáncháng : yánchǎng	
pífū : pǐfū	
qíjiàn : qǐjiàn	
wéirén : wěirén	

4. 朗读练习。

(1) 第一组:同声同韵但不同调。

  妈麻马骂 低敌底递 衣移已义 通铜桶痛

  呼湖虎互 非肥匪费 淤鱼语遇 接节解借

(2) 第二组:声调相同。

  息息相关 江山多娇 人民银行 豪情昂扬

  厂长领导 理想美好 变幻莫测 胜利在望

(3) 第三组:四声顺序排列。

  光明磊落 心明眼亮 山河锦绣 优柔寡断

  思前想后 胸怀广阔 心直口快 安全可靠

(4) 第四组:四声逆序排列。

  妙手回春 热火朝天 信以为真 赤胆雄心

  顺理成章 奋起直追 刻骨铭心 异口同声

【课程延伸内容】

一、古今声调关系

汉语自古就有声调。古汉语的调类有四个：平声、上声、去声和入声。随着语音发展，每个声调又按声母的清浊不同分出阴调和阳调，清声母字归阴调，浊声母字归阳调，就有阴平、阳平、阴上、阳上、阴去、阳去、阴入、阳入八个声调。

古汉语声调还分平仄。"平"是指古四声中的平声，包括阴平和阳平；"仄"的本义是"不平"，指古四声中的上、去、入声三类。诗歌创作讲究平仄，是因为平仄相间和平仄相对能使诗句抑扬相间，起伏有致，富有节奏的美感。

汉语的方言各有不同的调值和调类，它们也是从古汉语四声系统发展演变而来的。方言的调类名称也跟普通话一样，沿用平上去入的旧名，这样既可以看出历史演变的轨迹，又可以连贯各方言的声调系统，方便方言间的相互比较。

各方言的调类都沿用旧名，但具体的调值却在演变过程中各自发展，彼此不同，因此不同方言间调值相同的字不一定属于相同的调类，调类相同的字，调值也往往差异很大。如"七"在北京话和广州话中都是高平调，不过北京话"七"的调类是阴平，而广州话是阴入。又如"平"在北京话和广州话中都属于阳平字，但调值却不一样，北京话是35，而广州话则是21(详见附录三的"汉语主要方言声调对照表")。

普通话的四声是从古代的八个调类发展演变而来的，下表是古今四声关系的一般情况(详见附录三的"古今调类比较表")。

口诀	平分阴阳		浊上归去		去声归去		入派四声	
古调类	平声		上声		去声		入声	
声母清浊	清阴平	浊阳平	清阴上	浊阳上	清阴去	浊阳去	清阴入	浊阳入
今调类	阴平	阳平	上声		去声			

图 2-11 古今四声关系表

跟古代的声调相比,普通话的声调主要发生了三个方面的变化,这也是普通话声调的特点:

(1)平分阴阳。普通话的阴平基本来自古代清声母的平声字,阳平基本上来自古代浊声母的平声字。

(2)全浊上归去。普通话的上声基本来自古代的上声,去声也基本来自古代的去声。但是古代上声字里声母是全浊声母的字,现在念去声,如"是、近、稻"等。

(3)入派四声。普通话里没有入声,古汉语的入声字已经分化到普通话的四声里了。

现在的北方方言的大部分地区跟普通话一样,都已经没有入声了,但是在北方方言区的江淮和山西一带,还有其他六大方言区,都还保留有入声这个调类。在有入声的方言中,可以看到两种不同的入声调类:

一类是带有-p、-t、-k 等塞音韵尾的入声,这种入声音节都很短促,又称为"促声调",如广州话的"十[sɐp]、一[jɐt]、百[pak]"都是属于促声调的入声音节。

另一类是不带塞音韵尾,但是自成一类、没有分化到其他调类中去的入声,这种入声音节并不短促,如长沙话中调值为 24 的调类就是入声。

二、声调辨正

汉语众多方言中,声调差别明显,多的有十个,如广西博白话,少的只有三个,如河北临城话、甘肃康乐话等。方言区人学普通话声调时,首先应该搞清楚自己方言和普通话声调的对应规律,这样有助于类推学习。

例如普通话平声分阴平和阳平,但是有些方言是不分阴阳的,如山西太原"青天"和"晴天"不分,这些方言区的人学习普通话时就要注意哪些字读阴平、哪些字读阳平。

普通话上声和去声都不分阴阳,而有些方言上声去声都分阴阳,如"我、市"在广州话都是阳上字,普通话则分别属于上声和去声,对应规律是:广州话阳上字中的鼻音、边音和零声母字在普通话里归入上声,其余全归入普通话的去声,所以广州人学习普通话时,要把声母不是鼻音或边音的字,以及零声母的字都读成高降调的去声,这样就行了。

具体发音时,声调的"到位"非常重要。常见的声调发音错误有:

(1)阴平不够高。阴平需要始终保持在一个最高的调值上,有些人会把阴平调发成44甚至33,主要是因为发音时声带的紧张度不够,虽然有"平"的特征,但是还不够高。练习时应该稍微夸张一点儿,适当提高音高。

(2)去声下不来。有些人发去声时总是发成53或52,没有降到最低点,整个去声音节的长度也偏长。普通话的去声音节是四个声调中长度最短的,因此练习时应注意让声带紧绷后快速地放松,降得快的同时才能降得够低。

(3)阳平和上声混淆。阳平和上声都包含有"升"的一段,如果发阳平调音节时,前面3度的部分稍微延长一下,听起来就会像上声;如果发上声的时候前面的"21"段说得太短,而后面的"14"段说得太长,听起来也会像阳平,最后导致两个声调混淆不清,如把"节日"说成"解日","好的"说成"豪的"。练习时应该注意,阳平的主要特征是"升",一开始发音就往高处走,不要拖拉出平调;上声的主要特征是"低","21"段是主体,"14"段只占很短的时间,应加强"21"部分的练习。

第五节 音节

音节是听感上最容易分辨的语音单位,它由音素构成。而在汉语这种有声调的语言中,音节上还必须附有声调才能够表达意义,这种音节叫作带调音节,如"文化交流"就是四个带调的音节。下面将要分析的普通话音节都是指带调音节。

一、普通话的音节结构

传统音韵学把音节分为声、韵、调三个部分,韵母可以进一步分解为韵头(介音)、韵腹(主要元音)和韵尾,其中韵腹和韵尾较为紧密,韵腹跟韵头的关系相对松散。汉语音节的声韵调结构模式可以用下表表示:

表 2-4 汉语音节的声韵调结构模式

	声调		
声母	韵母		
	韵头	韵身	
		韵腹	韵尾

普通话的每个音节都带有声调。汉语音节之间界限分明,正是与每个音节有一个独立的声调贯穿其中有关。声母和韵母方面,并不一定是声母、韵头、韵腹和韵尾四者都具备,可以没有辅音声母,也可以没有韵头和韵尾,但每个音节都必须有韵腹。普通话的音节一共有 12 种结构类型,见下表。

表 2-5 普通话音节结构类型表

序号	例字	声母	韵母				声调
			介音(韵头)	韵身			
				韵腹	韵尾		
					元音韵尾	辅音韵尾	
1	鱼	ø[①]		ü			阳平
2	偶	ø		o	u		上声

[①] "ø"是零声母的符号,注音时不出现。

续表

序号	例字	声母	介音（韵头）	韵母 韵身 韵腹	韵尾 元音韵尾	韵尾 辅音韵尾	声调
3	安	ø		a		n	阴平
4	业	ø	i	ê			去声
5	歪	ø	u	a	i		阴平
6	杨	ø	-i	a		ng	阳平
7	吃	ch		-i			阴平
8	给	g		e	i		上声
9	琴	q		i		n	阳平
10	家	j	i	a			阴平
11	推	t	u	e	i		阴平
12	黄	h	u	a		ng	阳平

总的来看,普通话的语音音节结构特点鲜明：

1. 一个音节最多有四个音素,如上表中的例(11)和(12);最少有一个音素,如例(1)。

2. 在音节的组成音素中,元音占优势,最多可以有三个元音。当一个音节只有一个音素时,都是元音充当韵腹。辅音只能出现在音节的开头或末尾,而且不能连续排列①。

3. 能进入韵头位置的只有三个高元音 i、u 和 ü。

4. 普通话音节的韵尾可以是元音韵尾,也可以是辅音韵尾,但不能同时出现。可以充当元音韵尾的只有 i 和 u;可以充当辅音韵尾的只有鼻音 n 和 ng。

二、普通话的声韵配合规律

普通话有 22 个声母(包括零声母)和 39 个韵母,外加四个声调,理论上汉语普通话的音节能达到三千多个,但事实上普通话只有四百

---

① 普通话辅音中的鼻音也可以独立成音节,但是仅出现在叹词中,如"嗯(ng)"。这种情况有条件限制,而且数量少,不列入汉语基本音节结构的类型中。

多种声韵组合,加上带声调的音节也只有一千三百个左右。这说明普通话的音素在组合时,受到声韵调配合规律的制约。

《普通话声韵配合简表》反映了声母和韵母最基本的组合规律。表中声母按发音部位分类,韵母按四呼分类,"＋"表示声母和韵母可以相拼,"－"表示不可以相拼。

表 2-6　普通话声韵配合简表

序号	声母	开口呼	齐齿呼	合口呼	撮口呼
1	双唇音 b p m	＋	＋	＋(只与 u 相拼)	－
2	唇齿音 f	＋	－	＋(只与 u 相拼)	－
3	舌尖前音 z c s	＋	－	＋	－
4	舌尖中音(清)d t	＋	＋	＋	－
5	舌尖中音(浊)n l	＋	＋	＋	＋
6	舌尖后音 zh ch sh r	＋	－	＋	－
7	舌面前音 j q x	－	＋	－	＋
8	舌面后音 g k h	＋	－	＋	－
9	零声母 ø	＋	＋	＋	＋

普通话声母和韵母的组合规律可以分别从声母和韵母两个角度去观察。从声母的角度看,有以下规律:

(1) 双唇音能跟开口呼、齐齿呼的韵母相拼,不能跟合口呼韵母中"u"以外的韵母相拼,也不能跟撮口呼相拼。

(2) 唇齿音声母只跟开口呼韵母和"u"韵母相拼,不能跟其他三呼的韵母相拼。

(3) 舌尖中音声母分为清音和浊音两类,浊音声母 n 和 l 能跟四呼韵母拼合,但是清音的 d 和 t 不能跟撮口呼韵母相拼。

(4) 舌尖前音、舌尖后音和舌面后音声母都只能跟开口呼、合口呼韵母相拼,不能跟齐齿呼、撮口呼韵母相拼。

(5) 舌面前音声母跟上面的三组声母正好相反,只能跟齐齿呼、撮口呼韵母相拼,不能开口呼、合口呼韵母相拼。

(6) 跟四呼都能相拼的声母只有 n、l 和零声母。

从韵母的角度看,声韵组合的规律主要有以下几点:

(1) 开口呼韵母能跟舌面前音声母(即 j、q、x)以外的所有声母相拼。

(2) 齐齿呼能跟双唇音、舌尖中音和舌面前音声母相拼,不能与唇齿音、舌尖前音、舌尖后音和舌面后音声母相拼。

(3) 合口呼不能与舌面前音声母相拼,在与双唇音、唇齿音声母相拼时只限于"u"。

(4) 撮口呼韵母只能与浊音的舌尖中音声母和舌面前音声母相拼。

(5) 能与开口呼韵母相拼的声母最多,能与撮口呼韵母相拼的声母最少。

复习与练习(五)

一、复习题

1. 普通话音节有多少种结构类型?从中可以看出什么特点?
2. 从声母角度看,普通话声韵配合有什么特点?
3. 从韵母角度看,普通话声韵配合有什么特点?

二、练习题

1. 普通话音节分析。写出下列汉字的汉语拼音,并进行音节结构分析,指出该音节韵母所属的四呼。分析音节结构时要写出音节的实际读音,如"月(yuè)",声母是零声母(ø),韵头是 ü,韵腹是 ê。

汉字	拼音	声母	韵母			声调		所属四呼
			韵头	韵腹	韵尾	调值	调类	
蛙								
越								
祝								
卯								
昆								
菌								

续表

汉字	拼音	声母	韵母			声调		所属四呼
			韵头	韵腹	韵尾	调值	调类	
红								
回								
恶								
酒								
号								
远								
指								
熊								
特								

2. 根据拼合规律改正下列拼写错误,并指出错误的拼写违反了哪些拼合规律。

下 xa　　抓 jua　　风 fung　　晓 shiao
尽 zin　　薄 buo　　绿 lù　　翁 ong

3. 指出下列字音的韵腹及所包含的音素个数,例如:人(e/3)。

窗( )　粤( )　论( )　误( )　研( )
规( )　网( )　休( )　鱼( )　强( )

【课程延伸内容】

一、韵母对声母发音的影响

普通话的辅音声母会受后接元音的影响,产生一些发音附加动作,主要包括以下几种。

(1)圆唇化:这是最常见的辅音附加动作,除了 f 之外,其余所有的声母只要出现在圆唇元音之前,都会受影响出现不同程度的圆唇。

(2)腭化:声母 d、t、n、l 跟齐齿撮口呼韵母相拼时,受前高元音的影响,发音时舌尖会偏离齿龈,整个舌面接近硬腭,产生腭化。

（3）前移：声母 g、k、h 跟韵母 ei 拼合的时候，受较高的前元音 e 影响，舌面后的发音部位会向前移动。

（4）浊化：不送气清塞音、清塞擦音声母出现在轻声音节中时，由于读音弱化，受前后元音的影响，有时会从清音变成相应的浊音，如"哥哥[gə]"中后一个"哥"的声母从清音的[k]变成浊音的[g]，"他的[də]"中"的"的声母从[t]变成[d]，"结巴[bʌ]"中"巴"的声母从[p]变成[b]。

二、声韵组合的互补规律

普通话的声韵配合关系比较复杂，除了从声母的发音部位和韵母四呼的配合得到主要的配合关系外，还有一些比较重要的配合规律。

（1）韵母 o 只与唇音声母配合，而 uo 只与非唇音声母配合，不与唇音声母配合。

	o	uo
唇音声母	＋（波、颇、莫、佛）	－
非唇音声母	－	＋（多、国、所、做）

（2）舌尖前音的韵母只与舌尖前声母配合，而舌尖后音的韵母也只与舌尖后声母相拼。

	-i[ɿ]	-i[ʅ]
舌尖前声母	＋（字、词、思）	－
舌尖后声母	－	＋（知、尺、时）

（3）ong 和 ueng 的读音比较相近，但是 ong 只和辅音声母配合，ueng 只和零声母配合。

	ong	ueng
辅音声母	＋（孔、东、龙）	－
零声母	－	＋（瓮）

第六节 音变

音变包括两种类型。一种是**语流音变**,是指说话时语流中一连串的音由于紧密相连、相互影响而造成的音素或声调上的变化。这里主要谈"啊"的音变和声调的变化。另一种是**内部音变**,它们不是受前后音影响而发生的音变,而**是在一个词里因受韵律和意义等因素影响而出现的内部语音变化**,最典型的是轻声和儿化。

一、语气词"啊"的音变

零声母音节前面一般都会有摩擦或者喉塞的发音动作,但"啊"不同。作为语气词,"啊"前面没有任何发音动作,是唯一一个可以跟前面音节连读的普通话音节。

"啊"读音为"a",会受到它前面音节末尾音素的影响而发生音变,读为 ya、wa、na、nga、ra 等,书面上"啊"字也可以按音变写成"呀、哇、哪"等。如下表:

表 2-7 "啊"的音变规律表

序号	前接音素	变读读音	用字	例词
1	i[i] ü[y]	ya[iA]	呀	好戏呀 注意呀 去呀 雨呀
	a[A] o[o] e[ɤ] ê[ɛ]	ya[iA]	呀	爬呀 大伯呀 饿呀 快写呀
2	u[u]	wa[uA]	哇	苦哇 走哇 有哇 好哇 别笑哇
3	n[n]	na[nA]	哪	看哪 天哪 小心哪 快问哪 好几万哪
4	ng[ŋ]	nga[ŋA]	啊	这样啊 唱啊 行啊 好冷啊 别动啊
5	-i[ɿ]	za[zA]	啊	真自私啊 写字啊 来过几次啊 猴子啊
6	-i[ʅ] er[ɚ]	ra[ʐA]	啊	是啊 吃啊 真值啊 小二啊

前接音素要以实际读音为准,而不是只看拼音字母的写法,如前接音素为"o[o]"时,就不包括实际读音为[u]的韵尾"ao"和"iao"。

二、变调

变调是指语流中相邻音节的声调相互协调而发生的调型、调值上的变化。音节单念时的调值是"本调",音节相连发生变化后的调值称为"变调"。普通话的连读变调都是前一个音节的声调受到后一个音节声调的影响,变成不同的调值。其中变化较大的是上声的变调和"一""不"的变调。

(一) 上声变调

1. 上声变调的基本规律

上声的本调是 214,只出现在单念和语句的停顿处,其他情况多以变调形式出现。基本的变调规律有两种:

(1) 两字组中,上声出现在上声前,调值由 214 变成 35 调。例如:

可以 所有:214+214 → 35+214

(2) 两字组中,上声出现在阴平、阳平和去声前,调值由 214 变成 211(或 21),称为"半上"。例如:

小吃 老师:214+55 → 211+55
指责 语言:214+35 → 211+35
准确 满意:214+51 → 211+51

2. 轻声音节中的上声变调

上声出现在轻声音节前,要先把轻声音节还原为本调,然后再按以上两条基本规律发生变调。例如:

想想 捧起: 214+·(后字本调为上声)   → 35 + ·
打听 脊梁 打量:214+·(后字本调为阴平/阳平/去声)→ 211+ ·

但是在本调为上声的轻声前,上声变调常有例外,即不变为 35 调,而是变成半上。主要出现在后缀是"子"的名词和亲属称谓名词中。例如:

宝宝 姐姐 奶奶 脑子:214+·(后字本调为上声) → 211+ ·

3. 多个上声相连的变调

三个上声相连,也要按两字组的规律变调,但要根据词语内部的结构层次确定变调的先后次序。

(1) 三个上声字的层次关系为"(A+B)+C",前两个音节的调值都变成阳平,如:展览馆、洗脸水。

变调过程:(214 + 214) + 214 → (35 + 214) + 214
→ 35 + 35 + 214

(2) 三个上声字的层次关系为"A+(B+C)",第一个音节调值变成半上,第二个音节调值变成35,如:小拇指、孔乙己。

变调过程:214 + (214 + 214) → 214 + (35 + 214)
→ 211 + 35 + 214

三个以上的上声相连,也要根据词语之间的结构层次,按上声变调的基本规律变调。例如:

写好草稿请举手 → 写好 / 草稿 // 请举手
　　　　　　　　35 21　35 21　 21 35

(二)"一"和"不"的变调

1."一"的变调

"一"的本调是55,单念、在词语末尾以及在词语前表序数时念本调。"一"的变调规律有两种。

(1)"一"在去声前面变成35调。例如:

一定　一道　一向:55+去声 → 35+去声

(2)"一"在非去声前面都变成51调。例如:

一般　一丝　一生　⎫
一时　一头　一直　⎬ 55+非去声 → 51+非去声
一举　一览　一起　⎭

2."不"的变调

"不"的本调是51,单念、在词语末尾以及在非去声前时念本调,"不"在去声前变成35调。例如:

不对　不会　不愿:51+去声 → 35+去声

三、轻声

(一) 什么是轻声

普通话中有的音节会失去原有的声调,变为一种又短又轻的调子,称为轻声。

与非轻声音节相比,轻声音节的四种物理属性都发生了变化。首先,原有的音高变化格式消失了;其次,音强的强度明显减弱,音长也明显变短。如图2-12中,第二个轻声音节"·哥"的振幅和时长都明显小于、短于第一个非轻声音节的"哥"。音强的减弱和音长的缩短造成音色的相应变化,轻声音节"·哥"声母浊化,韵母央化,从[kɤ]变成了[gə]。

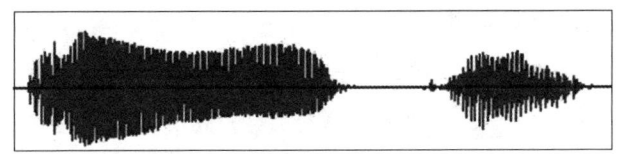

图 2-12 "哥·哥"的语图

轻声音节的音高格式不固定,它的调值由前字声调的调值决定。总的来看,大致有四种模糊的调值,可以分为两类:一类是阴平、阳平和去声后的轻声,是轻短的低调;另一类是上声后的轻声,是轻短的高调。

表 2-8 轻声调值表

例词	调类	调值		
鸭子 桌子 村子	阴平+轻声	2度	半低	˨
儿子 橘子 牌子	阳平+轻声	3度	中	˧
椅子 点子 嗓子	上声+轻声	4度	半高	˦
兔子 凳子 帽子	去声+轻声	1度	低	˩

轻声不是一个独立的调类。首先,每个轻声音节都有原调,普通话四种声调都可以变读为轻声;其次,轻声本身不是一个固定的调值,同一个字在不同声调的字后读轻声时,受前字影响,调值都不同。所以

说轻声只是一种音变现象。

(二) 轻声的作用

轻声有区分词义和词性的作用。

(1) 区分词义。例如：

① 地方：与中央相对的概念，如"地方政府"。
  地·方：地点，如"去什么地方"。
② 大人：敬辞，称长辈。
  大·人：成人；旧时称地位高的官长。

(2) 区分词义和词性。例如：

① 大意：主要的意思，文章的段落大意。（名词）
  大·意：疏忽，不注意。（形容词）
② 花费：因使用而消耗掉。（动词）
  花·费：消耗的钱。（名词）

(3) 改变语素组合的性质。例如：

① 打发："打发淡奶油的小技巧。"（词组，动词＋动词）
  打·发："已经把他打发走了。"（动词，语素＋语素）
② 火烧："火烧眉毛。"（词组，名词＋动词）
  火·烧："买个火烧来吃。"（名词，语素＋语素）

轻声在语流中可以调节音长、音高和音强，造成语句的高低起伏，形成错落有致、轻重相间的节奏美感。

(三) 轻声的规律

以下情况都要读轻声：

(1) 结构助词"的、地、得"和动态助词"了、着、过"。例如：

我·的　　飞快·地　　跑·得快
看·着书　吃·了一碗饭　去·过那儿

(2) 语气词，如"啊、吧、吗、啦"等。例如：

来·吧。　走·吗？　去·啦。

(3) 名词、代词的后缀,如"子、头、们"等。例如:

　　裤·子　　石·头　　丫·头　　嘴·巴　　我·们

(4) 名词、代词后表方位的语素或词,如"上、下、里、边、面"等。例如:

　　楼·上　　眼·下　　大海·里　　南·边　　后·面

(5) 动词、形容词后的趋向动词,如"来、去、起来"等。例如:

　　上·来　　下·去　　看·起来　　拿·出来

(6) 叠音词、名词和动词的重叠式的后一个音节,四音节形容词生动形式的第二个音节。例如:

　　爸·爸　　猩·猩　　坐·坐　　看·看
　　漂·漂亮亮　　热·热闹闹　　黑·不溜秋　　糊·里糊涂

(7) 重叠动词中间或动词和补语中间的"不"和"一"。例如:

　　来·不来　　拿·不到　　拖·一拖

(8) 量词"个"。例如:

　　一·个　　这·个

除了以上这些有规律可循的轻声之外,口语中还有一批常用的双音节词,第二音节应当读成轻声。这些轻声词是没有规律的,如"月亮、衣服、便宜、麻烦、萝卜、耳朵、头发、明白"等。(参见附录四:必读轻声词表)

四、儿化

(一) 什么是儿化

儿化是指一个音节中韵母带上卷舌色彩的一种特殊音变现象。儿化了的韵母叫作"儿化韵",汉字用"儿"表示,汉语拼音用"r"表示。例如:

　　小人儿　xiǎorénr　　花儿　huār

"儿/r"不是一个独立的音节,而是附加在前一个音节上的卷舌色彩。"人儿""花儿"是两个汉字表示一个音节。儿化音变中的"儿"虽然不是独立的音节,由于它有固定的语法意义,因此可以把它看作是一个语素,是后缀。在汉语普通话里,有必要区分有词汇意义的"儿$_1$[ɚ^{35}]"和词缀"儿$_2$[r]"。有词汇意义的"儿$_1$"自成音节,是"小孩子、年轻的人、儿子、雄性的"的意思,如"婴儿、健儿、妻儿"里的"儿"。后缀"儿$_2$"不成音节,只表示一个卷舌动作,没有词汇意义,常用作名词的标记[①],并表示一定的感情色彩。

(二) 儿化的作用

儿化具有区别词义、词性的作用,还能表达一定的感情色彩。

(1) 区分词义。例如:

① 针眼——睑腺炎的通称　针眼儿——针端穿线的小孔
② 火星——行星之一　　　火星儿——极小的火

(2) 区分词性。例如:

① 盖——动词　　　　盖儿——名词
② 尖——形容词　　　尖儿——名词
③ 弯——动词/形容词　弯儿——名词

(3) 表示喜爱、亲切的感情色彩。尤其是"小~儿"的格式,小巧玲珑、惹人喜爱的语用色彩特别突出。此外词语儿化还能增加口语的色彩。例如:

① 女孩——(小)女孩儿
② 喇叭——(小)喇叭儿
③ 脾气——(小)脾气儿
④ 蛐蛐——蛐蛐儿

普通话里有一些词是必须儿化的,这主要是指那些能够区别不同意思、不同词性的儿化词。其他可以儿化也可以不儿化的词,在正音上都采用不儿化的读法。(参见附录四:必读儿化词表)

---

① "玩儿""好玩儿""慢慢儿""好好儿的"等少数非名词性的词语习惯上也用儿化。

(三) 儿化的发音

普通话几乎所有的韵母都有可能儿化。儿化时,舌头前部要抬高,这可能会使它所附着的韵母发生相应的变化才能完成卷舌动作,如舌位较高、较前或者舌根位置的韵尾要丢掉,韵腹受到"儿"卷舌时起始位置[ə]的影响变成央元音(央化)等。下面是儿化发音的音变规律。

(1)无韵尾或 u 做韵尾时,儿化发音是直接后加一个卷舌动作,韵母基本不变。这类韵母一共有 13 个。例如:

刀把儿(ɑr[A→Ar])　　粉末儿(or[o→or])
唱歌儿(er[ɤ→ɤr])　　火锅儿(uor[uo→uor])
名角儿(üer[yɛ→yɛr])　　豆角儿(iɑor[iɑu→iɑur])

(2)韵尾是 i 或 n(韵母 in 和 ün 除外)时,儿化发音是韵尾 i、n 丢失,主要元音央化后做一个卷舌动作。这类韵母一共 10 个。例如:

瓶盖儿(ɑir[ai→Ar])　　刀背儿(eir[ei→ər])
没门儿(enr[ən→ər])　　收摊儿(ɑnr[an→Ar])

(3)韵母是 i 和 ü 时,儿化发音要把韵腹 i 和 ü 变成韵头,后面增加央元音[ə],然后做卷舌动作。例如:

米粒儿(ir[i→iər])　　小曲儿(ür[y→yər])

(4)韵母是-i(即舌尖前和舌尖后声母后的-i)时,儿化发音要把-i 变成央元音[ə],然后做卷舌动作。例如:

瓜子儿(-ir[ɿ→ər])　　果汁儿(-ir[ʅ→ər])

(5)韵母是 in 和 ün 时,儿化发音要先失落韵尾 n,然后按照 i 和 ü 的音变规律,加上央元音[ə],再做卷舌动作。例如:

脚印儿(inr[in→iər])　　合群儿(ünr[yn→yər])

(6)韵尾是 ng 的韵母(ing 和 iong 除外)时,儿化发音要失落韵尾 ng,但是前面的主要元音留下鼻化色彩,然后做卷舌动作。这类韵母一共有 6 个。例如:

香肠儿(ɑngr[ɑŋ→ɑ̃r])　　夹缝儿(engr[əŋ→ə̃r])

胡同儿(ongr[uŋ→ũr])

（7）韵母是 ing 和 iong 时,儿化发音时韵尾 ng 失落,加上鼻化的央元音,之前的主要元音[i]和[y]变成韵头,然后做卷舌动作。例如：

人影儿(ingr[iŋ→iə̃r])　　小熊儿(iongr[yŋ→yə̃r])

复习与练习(六)

一、复习题
1. 举例说明语气词"啊"的音变规律以及相应的用字变化。
2. 举例说明普通话上声变调的基本规律。
3. 举例说明"一"和"不"的变调规律。
4. 什么叫轻声？普通话里读轻声的情况大致有哪些规律？
5. 什么叫儿化？儿化发音有哪些音变规律？
6. 举例说明普通话轻声、儿化区别词义和词性的作用。

二、练习题
1. 根据"啊"的音变规律在横线上标注"啊"的实际读音,并在括号内填上"啊"的相应写法。

(1) 这些孩子_____（　　）,真可爱_____（　　）!
(2) 那还用说_____（　　）,不然,怎么叫模范幼儿园_____（　　）?
(3) 你看_____（　　）,他们多高兴_____（　　）!
(4) 你还没见_____（　　）,下了课_____（　　）,他们唱_____（　　）,跳_____（　　）,简直像一群小鸟_____（　　）!

2. 读准下列词语,注意上声变调。
(1) 手表　水果　领导
(2) 首都　祖国　土地
(3) 讲讲　等等　锁起
(4) 比方　老实　火候
(5) 嫂子　姐姐　毯子

3. 指出下列句子中要读轻声的音节。
   (1) 师傅,我跟您打听些事儿。
   (2) 地面上还留着一两个小水坑。
   (3) 你去跟他聊聊,看看他有什么麻烦事需要我们帮忙。
   (4) 李家村东头大坝下的两口水井,水位不断升高。
   (5) 妈妈把手里的针线活停了下来。
   (6) 你在跟谁闹别扭哇?
   (7) 这些桌子、椅子还能凑合着用两年。

4. 指出下面句子中哪些词需要儿化。
   (1) 他的话没准,别信。
   (2) 我也纳闷啊,你就一点空也没有?
   (3) 他们家的小马驹脖上拴了个铜铃,一甩脖就"丁零零"响,可好玩了!
   (4) 聊天的时候,我才知道他们给我起了个外号叫"小猴"。

5. 语流音变朗读练习。
   (1) 人家小燕儿的爷爷、奶奶呀,老给街坊的孩子买点心,讲故事,可和气啦!
   (2) 四嫂啊!你看二春儿这个丫头,今儿个也不知又上哪儿疯去了,我这儿给她赶件小褂儿,连穿上试试的工夫都抓不着她。
   (3) 我的心不禁一颤:多么可爱的小生灵啊,对人无所求,给人的却是极好的东西。蜜蜂是在酿蜜,又是在酿造生活——在为人类酿造最甜的生活。蜜蜂是渺小的;蜜蜂却又是多么高尚啊!

第七节　语调

语调又称为"节律"或"韵律",由音高、音长和音强等要素组合而成,它们不能独立存在,必须附着在一定的音色(音质)上,是话语中的**超音段成分**。语调包含停顿、重音和句调等,是准确表达思想内容、充分表达说话人情绪的重要手段。

一、停顿

停顿是语流中出现的声音中断或间歇。停顿可以分为生理停顿、语法停顿和逻辑停顿三类,生理停顿是指生理上换气造成的停顿,而语法停顿和逻辑停顿的断点则需要结合语言的实际情况才能确定。

(一)语法停顿

语言内部是有结构层次的,词与词结合在一起时疏密程度不同,在关系稍微疏远的词中间停顿,能让听者更清晰地领会意思,这种停顿就是语言中最主要的"语法停顿"。

语法停顿与"音步"和"意群"关系密切。音步是韵律系统中最小的轻重节奏单位。汉语里一般是一个双音节词构成一个音步,如"太阳""地球""植物"都是最小的音步。意群是词和词结合在一起的时候构成的意义整体。意群可大可小,小的意群可以构成更大的意群。例如"地球和植物"构成一个意群,它还可以跟别的意群构成更大的意群,如"太阳、地球和植物""太阳、地球和植物在一起"等。音步或意群之后都可以是停顿点。例如:

太阳∧地球和植物∧在一起∧形成了∧微妙的平衡

显著的停顿在书面上一般用标点符号表示。不同的标点符号所表示的停顿长度不同,更长的停顿则用章节的分段来表示。一般标点符号的停顿长短关系如下:

顿号 < 逗号 < 分号/破折号 < 冒号 < 句号/问号/感叹号

(二)逻辑停顿

有时为了突出某一事物,强调某一观点,或者表达某种情感,在不是语法停顿的地方、没有标点符号的地方做出停顿,这属于"逻辑停顿",又称为"强调停顿"。例如:

① 根,紧握在∧地下,
　叶,相触在∧云里。
　每一阵风过,我们都∧互相致意,

但没有人

听懂∧我们的言语。

② 赵州桥非常雄伟,全长∧50.82米,两端宽∧约9.6米,中部略窄,宽约9米。

例①②在标有"∧"处适当停顿,起强调作用。

人们在说话时总是综合地运用三类停顿,一般的原则是:语法停顿服从逻辑停顿,生理停顿又服从语法和逻辑停顿。三类停顿运用得当,可以把说话的内容、说话人的情感清楚明白地表现出来。

停顿还跟语速、语气、情绪等有关系。激动、欢快的时候,语速较快,停顿就会相对减少;沮丧、低沉的时候,语速较慢,停顿则会适当增加。

二、重音

重音是语流中念得比较重、听起来比较清晰的音,有时候也用延长时间的方式来体现。

(一) 语法重音

句子里的某些语法成分需要读成重音,这种因语法结构产生的重音称为语法重音。由于句子结构多样化,语法重音的落点也比较繁杂,主要规律如下。

(1) 谓语的核心动词常常读重音。例如:

① 这辆车卖出去了。

② 南郭先生就混在乐队里,冒充内行。

(2) 动词、形容词前的状语常常读重音。例如:

① 他惊恐地看着对方。

② 漓江的水真绿呀!

(3) 程度补语一般读重音。例如:

① 这件衣服便宜得不得了!

② 写得好极了。

(4) 定语中离名词性中心语最近的成分常常读重音。例如:

① 她买了一套红色的陶瓷茶杯。
② 这位是我以前邻居的上司的秘书。

（5）指示代词和表疑问的代词常常读重音。例如：

① 他是谁？哪儿来的？
② 我没想到他们的关系那么错综复杂。

（二）逻辑重音

逻辑重音是用来强调特别需要突出的词语，是表意的焦点所在。逻辑重音没有语法重音那样固定的位置，声随意转，同一句话会由于语境的不同有不同的重音，传递出不同的潜台词。例如：

① 他说得挺容易（，做起来就难了。）
② 他说得挺容易（，可是我还是不明白。）
③ 我这是为你好（，可不是为了别人。）
④ 我这是为你好（，你怎么不理解呢？）

三、句调

句调是指整句话的音高升降变化。句调以句子为基本单位，贯穿整个句子，但是在句末音节上表现得特别突出。说话时会因为表达的情感不同产生不同的句调，因此句调也是语气的标志。口语中常见的句调形式有以下四种。

（一）平调（→）

句调平稳，没有明显的升降变化。平调一般表示没有感情色彩的叙述语气，或者冷淡、含蓄、严肃等语气。例如：

① 今天晚上到明天，晴转多云，最高温度 25 度，最低温度 18 度。（叙述）
② 右转，201 房。（冷淡）
③ 现在出发，各位小心。（严肃）

（二）降调（↘）

句调从高走向低。降调一般表示陈述、祈使、感叹等语气，多用于

陈述句、祈使句和感叹句,感叹句的句末要用感叹号。例如:

① 他们绝对是最容易获得尖叫的大明星。(陈述)

② 你们都出去吧。(祈使)

③ 他是世界上最棒的爸爸!(感叹)

疑问代词在句首的特殊疑问句也可以使用降调。例如:

④ 为什么要我去?↘

⑤ 谁是你们的头儿?↘

(三) 升调(↗)

句调从低走向高。升调一般表示疑问、反问、惊讶等语气。例如:

① 这是爸爸买的?(疑问)

② 你的个子有多高?(疑问)

③ 难道会比我还少?(反问)

④ 才放两天假?(惊讶)

(四) 曲折调(↘↗ 或 ↗↘)

曲折调包括降低再升高的凹曲调,以及升高再降低的凸曲调。凸曲调一般是由于句子的重音出现在句子的中间。例如:

① 您的鞋子真漂亮啊!

凹曲调大多用来表示讽刺、埋怨等语气,重音多出现在句首和句尾两端。例如:

② 谁敢得罪您哪?(讽刺)

③ 白费这个劲儿干吗?(埋怨)

汉语是声调语言,每个音节都有固定的声调,这是"字调"。但是汉语的句调不是字调的相连,而是贯穿于整个句子的另一层音高的曲折变化。汉语的字调和句调关系比较复杂,相互依存,彼此制约:句调的基础是字调的组合,字调受到句调的调节,随句调的升降而变化。二者是局部和全局的关系,字调就像是句调大波浪中的小波浪,二者相互叠加。

复习与练习(七)

一、复习题

1. 什么是语调？
2. 停顿有几种类型？它们之间的关系如何？
3. 举例说明语法重音的主要规律。
4. 句调有几种？各表示什么语气？

二、练习题

1. 下列句子如果做不同的停顿会得到什么不同的意义？

   (1) 他说不下去了。

   (2) 不是学生。

   (3) 不要用坏了。

2. 指出下列句子中的语法重音。

   (1) 他感冒了。

   　　他真的感冒了。

   　　他怎么感冒了？

   (2) 他买了一瓶葡萄酒。

   　　他买了一瓶很贵的葡萄酒。

   　　他买的葡萄酒贵极了。

   (3) 他们明天就要彻底离开这个地方了。

   　　他们为什么要离开这个地方？

   　　他们离开这儿要去哪儿？

3. 为下列句子标注句调的升降变化。

   (1) 盼望着，盼望着，东风来了，春天的脚步近了。

   (2) 各位乘客，广州站到了，请拿好您的行李物品下车。

   (3) 我的母亲老了，她早已习惯听从她强壮的儿子；我的儿子还小，他还习惯听从他高大的父亲；妻子呢？在外面，她总是听我的。一霎时我感到我责任的重大。

4. 朗读练习。朗读讲究读起来朗朗上口，听起来层次分明。要朗读得好，除了要正确地理解作品的内容和思想外，还要有效地利用语调因素，正确处理语速的快慢、句子中的停顿点、句调的高低变化,以及每个音节的轻重格式,才能读出抑扬顿挫的韵律感。

(1) 诗歌

给每一条河每一座山取一个温暖的名字
陌生人,我也为你祝福
愿你有一个灿烂的前程
愿你有情人终成眷属
愿你在尘世获得幸福
我只愿面朝大海,春暖花开

(节选自海子《面朝大海,春暖花开》)

(2) 散文

那是力争上游的一种树,笔直的干,笔直的枝。它的干呢,通常是丈把高,像是加以人工似的,一丈以内,绝无旁枝;它所有的丫枝呢,一律向上,而且紧紧靠拢,也像是加以人工似的,成为一束,绝无横斜逸出;它的宽大的叶子也是片片向上,几乎没有斜生的,更不用说倒垂了;它的皮,光滑而有银色的晕圈,微微泛出淡青色。这是虽在北方的风雪的压迫下却保持着倔强挺立的一种树!

(转引自《普通话水平测试实施纲要》,普通话水平测试作品 1 号)

(3) 小说

父亲走进孩子的房间:"你睡了吗?""爸,还没有,我还醒着。"孩子回答。

"我刚才可能对你太凶了,"父亲说,"我不应该发那么大的火儿——这是你要的十美金。""谢谢您。"孩子高兴地从枕头下拿出一些被弄皱的钞票,慢慢地数着。

"为什么你已经有钱了还要?"父亲不解地问。

"因为原来不够,但现在凑够了。"孩子回答:"爸,我现在有二十美金了,我可以向您买一个小时的时间吗?明天请早一点儿回家——我想和您一起吃晚餐。"

(转引自《普通话水平测试实施纲要》,普通话水平测试作品 7 号)

(4) 议论文

牡丹没有花谢花败之时,要么烁于枝头,要么归于泥土,它跨越委顿和衰老,由青春而死亡,由美丽而消遁。它虽美却不吝惜生命,即使告别也要展示给人最后一次的惊心动魄。……任凭游人扫兴和诅咒,牡丹依然安之若素。它不苟且、不俯就、不妥协、不媚俗,甘愿自己冷落自己。它遵循自己的花期自己的规律,它有权利为自己选择每年一度的盛大节日。它为什么不拒绝寒冷?

于是你在无言的遗憾中感悟到,富贵与高贵只是一字之差。同人一样,花儿也是有灵性的,更有品位之高低。品位这东西为气为魂为筋骨为神韵,只可意会。你叹服牡丹卓尔不群之姿,方知品位是多么容易被世人忽略或是漠视的美。

(转引自《普通话水平测试实施纲要》,普通话水平测试作品 30 号)

第八节　汉语拼音方案

一、《汉语拼音方案》的设计原则

《汉语拼音方案》是依据音位理论针对普通话设计出来的。

音位是一种语言(或方言)中能区别意义的最小的语音单位。从生理的角度看,人类可能发出来的音素非常多,但一种语言里使用的音素是有限的,而且说话时产生的语音差异如果不影响意义的理解,就常常会被认为是同一个音,如把普通话"大哥"中的"哥"从[kɤ^{55}]说成[gə^{55}],听话的人一般都不会理解成其他词,因为普通话里的[k]和[g],[ɤ]和[ə]这些音素不区别意义,所以彼此的差异常被忽略。这说明除了可以从音色角度划分出最小的单位"音素"外,还可以从能否区别意义的角度归纳出一个最小单位,即"音位"。

将普通话中出现的多个音素归纳成有限的音位,得到一个整齐而严谨的音位系统后,就可以在此基础上为普通话设计拼音方案了。

《汉语拼音方案》采用了 26 个拉丁字母,但它们并不像记录音素的国际音标那样一符一音地准确对应。汉语拼音字母与普通话的音位之间存在以下几种关系。

(1) 一个字母(或两个字母)代表一个音位。

普通话一共有 22 个辅音音位。其中 18 个用单字母来表示,还有 4 个用双字母 zh、ch、sh、ng 表示。

普通话辅音音位				普通话辅音拼音			
/p/	/pʰ/	/m/	/f/	b	p	m	f
/t/	/tʰ/	/n/	/l/	d	t	n	l
/k/	/kʰ/	/ŋ/	/x/	g	k	ng	h
/tɕ/	/tɕʰ/	/ɕ/		j	q	x	
/ts/	/tsʰ/	/s/		z	c	s	
/tʂ/	/tʂʰ/	/ʂ/	/ʐ/	zh	ch	sh	r

普通话的元音音位除了/ɚ/用两个字母 er 表示外,其他都是用单字母表示。其中有四个是一个字母表示一个音位。它们是:

ɑ 代表音位/a/　　o 代表音位/o/①

u 代表音位/u/　　ü 代表音位/y/

字母 ɑ 代表音位/a/的情况比较特殊,它虽然也是用一个字母代表一个音位,但是这个音位/a/包含了几个不同的音素,分别是 [A]、[a]、[ɑ]和[æ]。这四个音素出现的环境各不相同,不会互相混淆:

[A]出现在没有韵尾的音节中;

[a]出现在韵尾为[-i]和[-n],韵头不是[i-]、[y-]的音节中;

[ɑ]出现在韵尾为[-u]和[-ŋ]的音节中;

[æ]出现在韵尾为[-n],同时韵头为[i-]或[y-]的音节中。

我们把这种分布现象叫作"互补",互补的音素就可以归纳为同一个音位。这四个音素都属于低元音,发音相似,归并为同一个音位/a/。

(2) 一个字母代表两个或三个音位。

字母 i 代表/i/、/ɿ/和/ʅ/三个音位。[i]和[ɿ]、[ʅ]这三个音素中,[i]是舌面元音,[ɿ]和[ʅ]是舌尖元音,它们在音色上有一定的差异,所

---

① 拼音 ao 和 iao 中的韵尾实际上是 u[u],属于/u/音位,《汉语拼音方案》用字母"o"来书写,是为了避免与"n"混淆。

以在音位分析时分成三个音位。这三个音位分别出现在不同的声母后面,/ɿ/只出现在舌尖前声母 z、c、s 后,/ʅ/只出现在舌尖后声母 zh、ch、sh、r 后,/i/则出现在非舌尖声母后,彼此的出现环境不同,不会混淆,所以《汉语拼音方案》都用字母"i"来表示。

其实,舌面元音[i]和舌尖元音[ɿ]、[ʅ]的书写还是有差别的:《汉语拼音方案》用拉丁字母"i"前面加上短杠"-"表示舌尖元音,与舌面元音"i"相区别。不过由于"-i"在前接声母时要去掉前面的短杠,因此看起来跟"i"是用同一个字母。

字母 e 代表/e/和/ə/两个音位。每个音位下面又包含两个出现环境各不相同的音素。如下表:

表 2-9 拼音字母 e 代表的音位及其出现环境

拼音字母	音位	音素	出现的环境	例字（国际音标）
e	/ə/	[ɤ]	单韵母	哥[kɤ]
		[ə]	韵尾为[-n]或[-ŋ];轻声音节	陈[tʂʰən],成[tʂʰəŋ]（哥）·哥[gə],了[lə]
	/e/	[ɛ]	韵头为[i-]或[y-]	解[tɕiɛ],决[tɕyɛ]
		[e]	韵尾为[-i]	给[kei]

二、《汉语拼音方案》的拼写规则

为了使音节界线更加清晰,拼写形式尽量简短,避免字母混淆,《汉语拼音方案》制定了以下拼写规则。

(一) 隔音

a、o、e 开头的音节连接在其他音节后面的时候,如果音节的界线发生混淆,就用隔音符号"'"隔开。例如:

pi ＋ao → pi'ao （皮袄）   xi ＋an → xi'an（西安）

y 和 w 两个字母也起隔音的作用,它们只出现在零声母音节前头,不是声母。y 和 w 的使用主要是添加和改写。

(1) 添加:如果 i 和 u 是韵腹,则分别在前面加上 y 和 w。例如:

i → yi（衣）　　　ing → ying（英）　　　u → wu（乌）

（2）改写：如果 i 和 u 是韵头，则分别将韵头 i 和 u 改写为 y 和 w。例如：

ie → ye（耶）　　　uan → wan（弯）

（3）添加并改写：撮口呼零声母音节中 ü 的前头，一律加上 y，并去掉 ü 上的两点，写成 yu。例如：

ü → yu（于）　　　üe → yue（约）　　　ün → yun（晕）

记住口诀：韵腹 i、u 要添加；韵头 i、u 要改写；ü 母前头加 y 去两点。

（二）省略

ü 行的韵母跟声母 j、q、x 相拼的时候，ü 顶上的两点省略，写成 ju、qu、xu。虽然 ü 省略两点后看起来像 u，但因为 j、q、x 不能跟合口呼韵母相拼，所以这里的省略不会引起混淆。

iou、uei、uen 前加辅音声母时，省写韵腹，分别写成 iu、ui、un，这样可以缩短拼写形式。

（三）声调标写

调号要标在韵腹上。调号标在韵腹 i 上时，上边的一点要省略。

韵母 iou、uei 在韵腹字母省略时，调号标在韵尾上；韵母 uen 在韵腹省略时，调号标在韵头 u 上。

轻声不标调，有变调的字都要标原调，不标变调。

三、分词连写的拼写规则

根据汉语拼音正词法基本规则，拼写普通话原则上以词为单位，表示一个整体概念的双音节和三音节词内的各个音节要连写，词和词要分写。例如：

zài tànsuǒ zhōng qiánjìn（在探索中前进）

四个音节及以上的表示一个整体概念的名称，按词或语节分写，语节通常是双音节或三音节的书写单位。不能按词或语节划

分的,全部连写。四字成语算一个整体,如果可以分成两个双音节的,中间加上短横线。例如:

shìchǎng jīngjì(市场经济)
Shìjiè Màoyì Zǔzhī(世界贸易组织)
chàzǐ-yānhóng(姹紫嫣红)

单音节动词、形容词和量词的重叠式连写,动词与后面的动态助词"了、着、过"连写。例如:

kànkan(看看)　　mànman(慢慢)
kànzhe(看着)　　chīle(吃了)

代词、介词、与前面名词尚不构成词的方位词、连词、副词、在多音节词语后的结构助词、语气词与别的词语分开写。例如:

zhè xuéqī(这学期)　　zài hēibǎn shang(在黑板上)
hǎo de hěn(好得很)　　tǒngyī de biāozhǔn(统一的标准)

专有名词中第一个字母要大写。例如:

Wáng Lì xiānsheng(王力先生)
Sū Bùqīng jiàoshòu(苏步青教授)
Běijīng Chāngpíng jiāowài(北京昌平郊外)

句子开头、诗歌每行开头的第一个字母要大写。例如:

Kǎoguān pàn fēn yǒu jiào dà de zhǔguān cáidìngquán.(考官判分有较大的主观裁定权。)

复习与练习(八)

一、复习题

1. 普通话的拼音字母设计与音位归纳有什么关系?
2. 普通话有哪些辅音音位?这些音位在汉语拼音中用什么字母来表示?
3. 普通话有哪些元音音位?这些音位在汉语拼音中用什么字母来表示?

二、练习题

1. 用国际音标标注下列汉字读音,并回答下列问题。

(1) 哈　花　想　少　先　算　代　怪　选

以上汉字的主要元音在汉语拼音里都用字母 a 表示,用国际音标表示有何差异?不同的主要元音出现的条件是什么?

(2) 鸡　系　只　次　日　思

以上汉字的主要元音在汉语拼音里都用字母 i 表示,用国际音标表示有何差异?不同的元音出现的条件是什么?

2. 写出下列词语的拼音,指出其中的零声母字,并总结在拼写中 y、w 和 " ' " 的性质和作用。

方案　鹅毛　雨水　演员　胶囊

五百　国王　可以　午安　西欧

3. 写出下列词语的拼音,指出其中的省写规则。

优秀　文具　尾随　旅游　温吞　救命　推托　军队

4. 用汉语拼音拼写下列词语和句子。

(1) 千言万语

(2) 蔬菜的价格

(3) 汉语拼音方案

(4) 杨紫琼和章子怡是《卧虎藏龙》这部电影的女主角。

5. 对照拼音朗读短文,注意拼音的标写。

Mǎkè Tǔwēn shōudào yì fēng dúzhě láixìn, wèn:"Wǒ zài bàozhǐ li fāxiànle yì zhī zhīzhū, qǐngwèn zhè shì xiōngzhào háishi jízhào?"Mǎkè Tǔwēn huí xìn shuō:"Zhè zhīzhū búguò xiǎng pájìn bàozhǐ kànkan nǎge shāngrén méiyǒu dēng guǎnggào, tā jiù dào nà jiā shāngdiàn de ménkǒu qù jié wǎng, hǎo guò ān'ān-wěnwěn de rìzi."

马克·吐温收到一封读者来信,问:"我在报纸里发现了一只蜘蛛,请问这是凶兆还是吉兆?"马克·吐温回信说:"这蜘蛛不过想爬进报纸看看哪个商人没有登广告,它就到那家商店的门口去结网,好过安安稳稳的日子。"

【课程延伸内容】

一、音位和音位变体

(一) 音位归纳原则

音位分析首先要掌握某一种语言或方言中所使用的全部音素,然后确定该语言或方言中哪些音素能区别意义,哪些不能区别意义,再根据对立原则、互补原则等进行归纳。

对立原则是指把两个不同的音素放在相同的语音环境中,如果能区别不同的意义,那么这两个音素就处于对立的环境之中。处于对立环境的音素必须分列为不同的音位。

普通话的辅音音位主要是依据对立原则归纳出来的,如在"～an^{51}"这一环境中,如果把"b"换成"p"就会产生不同的意义。例如:

b→ ～an^{51}→ ban^{51}(办……)
p → ～an^{51}→ pan^{51}(盼……)
ban^{51}≠pan^{51}

这说明"b[p]"和"p[p^h]"是对立的,对立的音素分属不同的音位,所以[p]和[p^h]两个音素分属两个不同音位:/p/和/p^h/。

互补原则是指两个音素不在相同的语音环境中出现,那么这两个音素就是互补的。互补的音素可以归纳为同一个音位,普通话的音位/a/是典型的例子。

不过,处于互补环境的音素是否归为同一个音位,还要考虑其他因素,尤其是语音相似性,如普通话中的[m]只出现在声母的位置上,[ŋ]则只出现在韵尾,这两个音是互补分布的,但是在北京人的音感中有着明显的差异,所以归为不同的音位。

(二) 音位变体

一个音位可以只包括一个音素,也可以包含几个音素。同一音位里所包含的音素,就叫作这个音位的"音位变体"。音位与音位变体是类别与成员的关系。

音位变体可分成"条件变体"和"自由变体"两类。在一定条件下出现的音位变体就叫作"条件变体",如[ᴀ]、[a]、[ɑ]、[æ]的出现都是有特定的环境、有条件的,它们是音位/a/的条件变体。没有环境限制,可以自由替换而不区别意义的音位变体就叫作"自由变体",如北京话的"瓦、外、闻"等字开头的音都有两种念法:一种念作双唇音[u],双唇拢圆,没有摩擦;另一种念作唇齿音[ʋ],上齿轻触下唇,略有摩擦。这两种念法在上述字音中可以互相替换,但不会改变意思,它们是音位/u/的两个自由变体。

(三) 音质音位和非音质音位

从音质角度归纳出来的音位,称为"音质音位"。其中从辅音中归纳出来的音位叫"辅音音位",从元音中归纳出来的音位叫"元音音位"。

从非音质的角度(音高、音长和音强)也能归纳出区别意义的音位,称为"非音质音位",如汉语里的四个声调可以分别依附在音节"jie"上,能够区别"jiē(接)、jié(节)、jiě(姐)、jiè(借)"四种意义。从声调的角度归纳出的音位,称作"声调音位",简称"调位";从音长角度归纳出的音位称为"时位";从音强角度归纳出的音位称为"重位"。音长和音强在普通话中一般不具有区别意义的作用,所以,普通话中没有时位和重位这两个非音质音位。

二、语音规范化

普通话和方言最主要的差别是语音,因此推广标准音也成为推广普通话最重要的环节。学好普通话,掌握每个音节正确的声韵调发音,不掺杂方音,不念错字音,这是基本功。说规范的普通话,才能达到口齿清晰、字正腔圆的效果,降低听者的理解负担。

现在的普通话是以北京语音为标准音,但并不是说每个音都跟北京本土话一模一样,尤其是北京语音本身也存在一些分歧现象,这些都需要加以明确规范。语音规范化就是指根据语音发展的规律来确立和推广普通话的语音标准,让其他方言地区的人在学习普通话时有可以遵循的标准。

语音规范化包括推广标准音,也包括规范异读词、轻声词和儿化词等。

异读词的读音通常以最新版的《现代汉语词典》为准。例如:

复杂　fù(统读);不取 fǔ
教室　shì(统读);不取 shǐ
亚洲　yà(统读);不取 yǎ
指甲　zhǐ(统读);不取 zhī
卓越　zhuó(统读);不取 zhuō

此外,还要注意一些同形字在不同词中的读音:

处:chù 办事~;chǔ ~理、~分
创:chuāng ~伤;chuàng ~造、~作
泊:bó 停~、淡~;pō 湖~、血~
夹:jiā ~道、~子;jiá ~袄、~被
纤:xiān ~维;qiàn 拉~
倒:dǎo ~下、~闭;dào ~水、~退
供:gōng ~应、~给;gòng ~奉、~认
模:mó ~范、~糊;mú ~样、~子
强:qiáng ~壮;qiǎng ~词夺理、牵~;jiàng 倔~

还有一些词分书面语读音(文读)和口语语音(白读),下面的例子中,文读音在前,白读音在后。

薄:bó ~弱、淡~;báo 很~
剥:bō ~削、~夺;bāo ~皮
给:jǐ ~予、供~;gěi ~你一本书
勒:lè ~索;lēi ~死、~紧
削:xuē 剥~;xiāo ~铅笔、~球

轻声和儿化是北京话里突出的音变现象,但是普通话不可能吸收北京话里所有的轻声词和儿化词。有关轻声词和儿化词的规范,可参考普通话水平测试用的轻声词表和儿化词表(参见附录四)。

思考与讨论

有的人认为不用儿化也不会影响交流,而且儿化是北京话的土语说法,其他地方的人不必掌握,请谈谈你对这种观点的看法,并举例说明。

附录一 汉语拼音方案

(1957年11月1日国务院全体会议第60次会议通过)
(1958年2月11日第一届全国人民代表大会第五次会议批准)

一、字母表

字母名称	Aa	Bb	Cc	Dd	Ee	Ff	Gg
	ㄚ	ㄅㄝ	ㄘㄝ	ㄉㄝ	ㄜ	ㄝㄈ	ㄍㄝ
	Hh	Ii	Jj	Kk	Ll	Mm	Nn
	ㄏㄚ	ㄧ	ㄐㄧㄝ	ㄎㄝ	ㄝㄌ	ㄝㄇ	ㄋㄝ
	Oo	Pp	Qq	Rr	Ss	Tt	
	ㄛ	ㄆㄝ	ㄑㄧㄡ	ㄚㄦ	ㄝㄙ	ㄊㄝ	
	Uu	Vv	Ww	Xx	Yy	Zz	
	ㄨ	ㄪㄝ	ㄨㄚ	ㄒㄧ	ㄧㄚ	ㄗㄝ	

v 只用来拼写外来语、少数民族语言和方言。
字母的手写体依照拉丁字母的一般书写习惯。

二、声母表

b	p	m	f	d	t	n	l
ㄅ玻	ㄆ坡	ㄇ摸	ㄈ佛	ㄉ得	ㄊ特	ㄋ讷	ㄌ勒
g	k	h		j	q	x	
ㄍ哥	ㄎ科	ㄏ喝		ㄐ基	ㄑ欺	ㄒ希	
zh	ch	sh	r	z	c	s	
ㄓ知	ㄔ蚩	ㄕ诗	ㄖ日	ㄗ资	ㄘ雌	ㄙ思	

在给汉字注音的时候,为了使拼式简短,zh ch sh 可以省作 ẑ ĉ ŝ。

三、韵母表

	i ㄧ 衣	u ㄨ 乌	ü ㄩ 迂
a ㄚ 啊	ia ㄧㄚ 呀	ua ㄨㄚ 蛙	
o ㄛ 喔		uo ㄨㄛ 窝	

续表

e ㄜ 鹅	ie ㄧㄝ 耶		üe ㄩㄝ 约
ai ㄞ 哀		uai ㄨㄞ 歪	
ei ㄟ 欸		uei ㄨㄟ 威	
ao ㄠ 熬	iao ㄧㄠ 腰		
ou ㄡ 欧	iou ㄧㄡ 忧		
an ㄢ 安	ian ㄧㄢ 烟	uan ㄨㄢ 弯	üan ㄩㄢ 冤
en ㄣ 恩	in ㄧㄣ 因	uen ㄨㄣ 温	ün ㄩㄣ 晕
ang ㄤ 昂	iang ㄧㄤ 央	uang ㄨㄤ 汪	
eng ㄥ 亨的韵母	ing ㄧㄥ 英	ueng ㄨㄥ 翁	
ong (ㄨㄥ) 轰的韵母	iong ㄩㄥ 雍		

(1) "知、蚩、诗、日、资、雌、思"等七个音节的韵母用 i,即:知、蚩、诗、日、资、雌、思等字拼作 zhi, chi, shi, ri, zi, ci, si。

(2) 韵母ㄦ写成 er,用作韵尾的时候写成 r,例如:"儿童"拼作 ertong,"花儿"拼作 huar。

(3) 韵母ㄝ单用的时候写成 ê。

(4) i 行的韵母,前面没有声母的时候,写成 yi(衣),ya(呀),ye(耶),yao(腰),you(忧),yan(烟),yin(因),yang(央),ying(英),yong(雍)。

u 行的韵母,前面没有声母的时候,写成 wu(乌),wa(蛙),wo(窝),wai(歪),wei(威),wan(弯),wen(温),wang(汪),weng(翁)。

ü 行的韵母,前面没有声母的时候,写成 yu(迂),yue(约),yuan(冤),yun(晕);ü 上两点省略。

ü 行的韵母跟声母 j,q,x 拼的时候,写成 ju(居),qu(区),xu(虚),ü 上两点也省略;但是跟声母 n,l 拼的时候,仍然写成 nü(女),lü(吕)。

(5) iou,uei,uen 前面加声母的时候,写成 iu, ui, un,例如 niu(牛),gui(归),lun(论)。

(6) 在给汉字注音的时候,为了使拼式简短,ng 可以省作 ŋ。

四、声调符号

阴平　阳平　上声　去声
　ˉ　　ˊ　　ˇ　　ˋ

声调符号标在音节的主要母音上。轻声不标。例如:

妈 mā　　麻 má　　马 mǎ　　骂 mà　　吗 ma
(阴平)　(阳平)　(上声)　(去声)　(轻声)

五、隔音符号

a,o,e 开头的音节连接在其他音节后面的时候,如果音节的界限发生混淆,用隔音符号(')隔开,例如:pi'ao(皮袄)。

附录二　声母、韵母辨正

n、l 偏旁类推字对照表

例字	声母 l			例字	声母 n		
	完全相同	声调不同	无法类推		完全相同	声调不同	无法类推
剌	辣/瘌	喇 3①		那	娜(名)	哪	挪/娜 nuó
腊	蜡		猎 liè	奈			捺 nà
赖	癞/籁		懒 lǎn	乃	奶		
兰	栏/拦	烂 4		南	喃/楠	腩/蝻 3	
蓝	篮	滥 4					
览	揽/缆/榄						
劳	痨	捞 1、涝 4		脑	恼/瑙		

---

① 表中汉字后的数字表示该字的声调。

续表

声母 l				声母 n			
例字	完全相同	声调不同	无法类推	例字	完全相同	声调不同	无法类推
乐			砾 lì				
雷	镭	蕾3、擂4		内			讷 nè、呐/衲/钠 nà
累			螺/骡 luó				
里	理/鲤	厘/狸2	量 liàng	尼	泥/呢	妮1	
利	莉/俐/痢	梨/犁2		倪	霓		
离	篱/璃						
立	粒/笠		拉/垃/啦 lā				
厉	励						
力	荔		劣 liè、肋 lèi、勒 lè				
历	沥						
连	莲	链4		念		捻3	
廉	濂/镰						
脸	敛	硷4					
炼	练						
恋			栾/峦/孪/鸾/銮/滦 luán				
良	粮		lang 狼/郎/廊/琅/螂/榔2、朗3、浪4				

续表

声母 l				声母 n			
例字	完全相同	声调不同	无法类推	例字	完全相同	声调不同	无法类推
梁	粱						
凉		谅/晾 4	掠 lüè				
两	(伎)俩	辆 4	俩 liǎ				
列	裂/烈	咧 3	例 lì	捏		涅 4	
				聂	嗫		
林	琳/淋/霖		婪 lán				
鳞	磷/麟/粼/嶙/璘/辚/遴						
令		玲/铃/龄/聆/蛉/零/翎/伶/羚 2 领/岭 3	冷 lěng、邻 lín、怜 lián	宁	拧/咛/狞/柠	宁(可)/泞 4	
菱	凌/陵		棱 léng				
留	瘤/榴/馏	溜 1		纽	扭/钮	妞 1	
流	硫/琉						
柳			聊 liáo				
龙	笼/珑/聋/咙	陇/垄/拢 3		农	浓/脓		
隆	窿/癃						
娄	喽/楼	搂/篓 3	屡/缕 lǚ				
卢	颅/泸/鲈/轳			奴	驽/孥	努/弩 3、怒 4	
鲁	撸						
录	碌/禄		绿/氯 lǜ				
鹿	麓/辘						

续表

声母 l				声母 n			
例字	完全相同	声调不同	无法类推	例字	完全相同	声调不同	无法类推
路	露/璐/潞/鹭						
戮	翏、蓼	liao 寥2、蓼3、廖4					
仑	伦/轮/纶/沦/囵	抡1、论4					
罗	萝/逻/锣/箩	啰1		诺			匿 nì
洛	落/骆/络	略 lüè、烙/酪 lào		懦	糯		
吕	铝/侣	闾/榈2		虐	疟		
虑	滤						

难辨声母对照辨音字表

(1) f 和 h

韵母	f				韵母	h			
	阴平	阳平	上声	去声		阴平	阳平	上声	去声
a	发~财	伐罚阀乏筏	法砝	发~头	ua	花哗	华铧骅滑划~船		画化话划~分桦
o		佛			uo	豁	活	火伙	祸货或获霍惑
u	夫	扶芙福服幅辐拂俘符袱伏浮	府俯腐斧釜甫抚辅腑脯	父附富付复负腹赴妇赋缚傅副咐讣覆馥驸	u	呼乎忽惚	胡湖糊蝴狐弧斛葫壶瑚核~儿	虎唬琥浒	户互护沪扈

续表

韵母	f				韵母	h			
	阴平	阳平	上声	去声		阴平	阳平	上声	去声
					uai		怀淮槐徊		坏
ei	飞非绯霏扉萤啡菲芳~	肥淝	诽斐悱匪菲~薄	费废肺沸吠痱	ui	灰恢挥辉徽晖诙麾	回蛔茴	悔毁	会绘海晦彗惠汇秽卉慧荟贿蕙讳烩
an	番翻帆幡藩	凡矾繁烦樊璠	反返	饭范犯泛贩畈梵	uan	欢獾	还环寰	缓	换唤涣患幻宦
en	分~工芬吩纷氛酚	坟焚	粉	愤分~奋粪份忿	un	昏婚荤	浑~身魂馄混~蛋		混~乱诨
ang	芳方坊牌~	房防妨肪坊油~	仿访纺舫	放	uang	慌荒肓	黄皇煌簧凰璜蝗惶徨	恍晃~眼谎幌	晃~荡滉
eng	风枫封峰疯锋蜂丰沣	逢缝冯	讽	凤奉缝裂~	ong	烘轰哄~抬	红洪鸿弘泓虹宏	哄~骗	讧哄起~

（2）zh 和 z

韵母	zh				z			
	阴平	阳平	上声	去声	阴平	阳平	上声	去声
a	扎驻~渣	闸铡扎挣~札信~	眨	乍诈炸栅榨蚱	扎包~匝	杂砸		
e	遮	折哲辙	者	蔗这浙		泽择责则		
u	朱珠株诛蛛茱诸猪	竹烛逐	主煮嘱	住注驻柱蛀贮祝铸筑著箸	租	族足卒	组阻祖	

续表

韵母	zh				z			
	阴平	阳平	上声	去声	阴平	阳平	上声	去声
-i	之芝支枝肢知蛛汁只织脂	直值植殖侄执职	止址趾旨指纸只(黴)	至致室志治智质帜挚掷秩置滞制稚痔痣	兹滋孳姿咨资孜龇缁辎		子仔籽梓滓紫	字自恣渍
ai	摘斋	宅	窄	债寨	灾哉栽		宰载记~	在再载~重
ei						贼		
ao	昭招朝~阳	着	找爪~牙沼	召照赵兆罩	糟遭	凿	澡早枣藻蚤	造躁燥皂灶
ou	州周舟洲粥	轴妯	肘帚	皱骤咒昼宙绉	邹		走	揍奏
ua	抓		爪~子					
uo	桌捉拙	卓着窒~灼浊酌啄镯琢			作~坊	昨琢~磨	左佐撮	做作坐座祚柞
uai			踹	拽				
ui	追锥			缀坠赘			嘴	最醉罪
an	沾粘毡		展斩盏崭辗	占站蘸绽栈战	簪	咱	攒	暂赞
en	真珍贞桢侦帧臻斟甄针砧箴		诊疹枕缜	振震阵镇			怎	
ang	张章彰樟		长生~涨上~掌	帐丈账仗杖障瘴涨~红嶂	脏肮~赃			葬藏脏肝~
eng	睁争征挣~扎蒸铮峥狰筝		整拯	正证郑症政怔				

续表

韵母	zh				z			
	阴平	阳平	上声	去声	阴平	阳平	上声	去声
ong	中钟终忠衷盅		种~子肿冢	重种~植众仲中~风	宗综踪棕鬃		总	棕纵
uan	专砖		转~换	转~动赚撰传篆	钻~研		纂	钻~石
un	谆		准		尊遵樽鳟			
uang	装妆庄桩			状撞壮幢戆				

（3）ch 和 c

韵母	ch				c			
	阴平	阳平	上声	去声	阴平	阳平	上声	去声
a	插叉杈差~别	茶察搽查	衩	岔诧差~劲	擦嚓			
e	车		扯	撤彻掣				册测侧策厕恻
u	初出	除厨橱锄蹰刍雏	楚储础杵褚处~理	处到~触畜矗怵黜	粗			促醋簇蹴猝卒~中
-i	吃痴嗤	迟持池驰匙	尺齿耻侈哆	赤翅斥炽叱	疵差参~	雌词辞磁瓷慈祠糍茨	此	次伺刺赐
ai	拆差出~钗	柴豺				猜	才财材裁	彩采踩睬	菜蔡
ao	超抄钞	朝巢潮嘲	吵炒		操糙	嘈曹槽漕	草	
ou	抽	仇愁筹稠酬绸畴踌	瞅丑	臭				凑

续表

韵母	ch				c			
	阴平	阳平	上声	去声	阴平	阳平	上声	去声
uo	戳踔			绰~号 啜 辍惙觢	搓撮蹉 磋			厝错挫 锉
uai	揣~手儿		揣~测	踹				
ui	吹炊	垂锤捶 槌			催崔摧		璀	翠脆粹 萃瘁悴 淬
an	掺搀	缠馋禅 潺蝉谗 蟾	产铲阐	忏颤	参餐	蚕残惭	惨	灿璨
en	嗔琛	陈臣辰 晨尘沉 忱宸		称~职 趁 衬	参~差	岑		
ang	昌猖娼 伥	常长~处 尝偿肠 场~院 嫦	厂场敞 昶氅	唱畅倡 怅	仓苍舱 沧	藏		
eng	称~呼 撑	成程城 呈乘诚 承橙惩 澄盛~水	逞骋	秤		曾层		蹭
ong	冲充舂	重虫崇	宠	冲~劲儿	葱匆聪 囱	丛从淙		
uan	穿川	船传椽	喘舛	串钏	蹿汆撺	攒		窜篡
un	春椿	唇纯淳 醇	蠢		村皴	存	忖	寸
uang	窗疮 创~伤	床	闯	创~造				

(4) sh 和 s

韵母	sh				s			
	阴平	阳平	上声	去声	阴平	阳平	上声	去声
a	沙纱砂莎杀鲨裟痧煞~车	啥	傻	厦煞~白霎	撒~娇仨		洒撒~播	萨飒卅
e	奢赊	舌蛇	舍~弃	社摄设射慑赦麝涉				色瑟涩塞啬
u	书梳疏蔬殊叔淑输抒舒枢纾	孰赎熟塾	暑署薯曙鼠数属蜀黍	述术树数恕漱竖束	苏稣酥	俗		素塑诉肃粟宿速夙溯
-i	施师尸失狮诗湿虱	时十拾石实识食蚀什~物	使史始屎矢驶	是式事世势誓逝市示视室适饰士仕氏试弑侍拭柿释恃嗜	撕斯司思丝私厮		死	四寺似肆饲巳嗣祀伺~机
ai	筛			晒	腮鳃塞			赛塞要~
ao	烧稍梢捎艄	勺芍韶杓	少~量	少~女哨绍邵	骚臊~气		嫂扫~除	扫~帚臊~
ou	收	熟	手首守	受授寿售兽瘦狩	搜艘馊嗖飕溲		叟擞	嗽
ua	刷		耍					
uo	说			硕烁朔	缩梭唆娑蓑嗦		所锁索唢	
uai	摔衰		甩	帅率蟀				

续表

韵母	sh				s			
	阴平	阳平	上声	去声	阴平	阳平	上声	去声
ui		谁	水	睡税	虽尿~脬	随隋绥	髓	岁碎穗隧遂祟邃燧
an	山删衫珊煽姗衫跚		闪陕	扇善擅膳缮赡蟮	三叁		伞散~文	散分~
en	身深申呻参娠莘绅	神	审沈婶	慎肾甚渗蜃葚	森			
ang	伤商墒殇觞		晌赏上~声 垧	上~学 尚丧~事	桑丧~事		嗓	丧~失
eng	声生升笙甥牲	绳	省	圣胜盛剩	僧			
ong					松嵩		耸悚怂	送宋颂诵讼
uan	栓拴			涮	酸			算蒜
un			吮	顺瞬舜	孙		笋损隼榫	
uang	双霜孀			爽				

难辨韵母对照辨音字表

(1) en 和 eng

声母	en				eng			
	阴平	阳平	上声	去声	阴平	阳平	上声	去声
ø	恩			摁	鞥			
b	奔贲		本苯	笨	崩绷~带	甭	绷~脸	迸泵蹦绷~党
p	喷~泉	盆		喷~香	烹抨怦	朋彭棚蓬鹏篷硼澎膨	捧	碰椪

续表

声母	en				eng			
	阴平	阳平	上声	去声	阴平	阳平	上声	去声
m	闷~热	门们扪		闷愁~焖	蒙~骗	萌蒙~混朦盟檬虻曚	猛懵锰蠓艋蒙~古	梦孟
f	分~散芬吩纷氛酚	坟焚	粉	愤分水~奋粪份忿	风枫封峰疯锋蜂丰沣	逢缝冯	讽	凤奉缝裂~
d				扽	灯登蹬~三轮儿		等	邓凳蹭瞪~澄~清镫
t						疼腾藤滕誊		
n				嫩		能		
l						棱~角楞	冷	愣
g	跟根	哏	艮发~	艮~卦亘	更爱~庚耕羹赓		耿哽绠鲠埂	更~加
k			肯啃恳垦	裉	坑铿吭			
h		痕	很狠	恨	亨哼	横~竖衡恒		横蛮~
zh	真珍贞桢侦帧臻斟甄针砧箴		诊疹枕镇	振震阵镇	睁争征挣蒸铮峥狰筝		整拯	正证郑症政怔
ch	嗔琛	陈臣辰晨尘沉忱宸		称~职趁衬	称~呼撑	成程城呈乘诚承橙惩澄盛~水	逞骋	秤
sh	身深申伸呻参娠绅莘	神	审沈婶	慎肾甚渗蜃葚	声生升笙甥牲	绳	省	圣胜剩盛~开

续表

声母	en				eng			
	阴平	阳平	上声	去声	阴平	阳平	上声	去声
r		人仁壬	忍荏	任认刃 韧妊衽 轫纫饪	扔	仍		
z			怎		曾增憎 缯			赠
c	参~差	岑			噌	曾~经 层 嶒		蹭
s	森				僧			

(2) in 和 ing

声母	in				ing			
	阴平	阳平	上声	去声	阴平	阳平	上声	去声
ø	音因姻 殷阴 荫树~ 茵洇氤	银吟淫 寅鄞龈 垠	引隐饮 瘾尹蚓	印荫~庇	应~该 英 樱鹰婴缨 莺瑛璎 膺鹦嘤 璎罂媖 锳	迎萤营 盈荧萦 赢蝇	颖影	硬映 应~酬
b	宾彬斌 滨缤濒 槟~子			摈殡髌	兵冰 槟~榔		丙饼柄 秉禀炳	病并
p	拼	贫频嫔	品	聘	乒	平评凭 萍瓶屏 坪苹枰		
m		民旻岷	皿闽闵 泯敏抿			名明铭 鸣冥茗 溟瞑暝 螟	酩	命
d					丁叮钉 町仃疔		顶鼎	定订锭 腚碇
t					听厅汀	停亭婷 庭霆蜓 廷	挺艇梃 铤	

续表

声母	in				ing			
	阴平	阳平	上声	去声	阴平	阳平	上声	去声
n		您				宁~静柠 狞咛凝	拧	泞宁~肯 佞
l	林琳淋 霖邻鳞 粼磷麟 嶙辚潾 遴	凛廪檩		吝淋~病 赁躏		灵玲零 聆铃凌 龄伶翎 羚苓菱 陵绫鲮 泠瓴蛉	岭领	另令
j	今金巾 斤津襟 筋矜衿		紧锦仅 谨瑾槿 僅	尽进近 劲晋浸 禁觐妗 烬缙靳	京经晶 精惊菁 鲸荆晴 旌泾茎 兢粳		景警井 颈儆	敬静净 径劲痉 竟竟靖 境镜婧 胫
q	亲侵钦 衾	琴勤秦 禽擒芹 覃噙	寝	沁揿	青轻清 倾氢卿 蜻	晴情擎	请顷	庆磬 亲~家
x	新心辛 鑫馨欣 芯锌薪 昕忻炘			信衅	星猩腥 惺兴~旺	形行刑 型邢	醒省~悟	幸姓性 杏兴高~

（3）uen 和 ong

声母	uen(un)				ong			
	阴平	阳平	上声	去声	阴平	阳平	上声	去声
d	吨敦蹲 墩		盹旽	盾顿遁 炖钝囤	东冬		懂董	洞动冻 栋恫侗
t	吞	屯臀豚 囤~积		褪~套儿	通	同铜童 彤桐瞳 潼	筒桶捅 统	痛
l	抡	仑纶沦 轮伦		论		龙笼~子 聋隆珑 胧窿咙	垄拢陇 笼~统	弄~堂

声母	uen(un)				ong			
	阴平	阳平	上声	去声	阴平	阳平	上声	去声
g			滚辊	棍	工攻公 供~应 功 官弓躬 恭蚣觥 龚		拱巩栱	共贡 供~奉
k	昆坤		捆	困	空~气		孔恐	控空~白
h	昏婚荤	魂浑		混	哄~抬 烘 轰	红洪鸿 弘泓宏 虹	哄~骗	哄起~讧
zh	谆		准		中~间 钟 终忠衷 盅		种~子 肿冢	重~要 种~植 众 仲中~风
ch	春椿	唇纯淳 醇	蠢		冲充舂	重虫崇	宠	冲~劲儿
sh				吮	顺瞬舜			
r				润闰		荣容融 溶绒蓉 熔榕戎 茸嵘	冗	
z	尊遵樽 鳟				宗综踪 棕鬃		总	棕纵
c	村皴	存	忖	寸	葱匆聪 囱	丛从淙		
s	孙		笋损隼 榫		松嵩		耸悚怂	送宋颂 诵讼

(4) ün 和 iong

声母	ün				iong			
	阴平	阳平	上声	去声	阴平	阳平	上声	去声
∅	晕头~	云芸匀	允陨殒	运熨孕 蕴韵酝 晕~车	拥佣雇~ 庸		永咏泳 勇涌踊 蛹	用佣~金

续表

声母	ün				iong			
	阴平	阳平	上声	去声	阴平	阳平	上声	去声
j	军君均菌_{细~菌}钧			俊郡骏峻竣菌_{~子}			窘炯迥炅	
q		群裙					穷琼茕	
x	熏勋	寻询循巡旬		训讯迅汛殉逊驯	兄凶匈汹胸	雄熊		

（5）uen 和 ueng

声母	uen				ueng			
	阴平	阳平	上声	去声	阴平	阳平	上声	去声
Ø	温瘟	文闻纹雯蚊玟	吻稳紊刎	问汶璺	翁嗡鹟			瓮蕹甕

附录三 古今四声关系

古今调类比较表

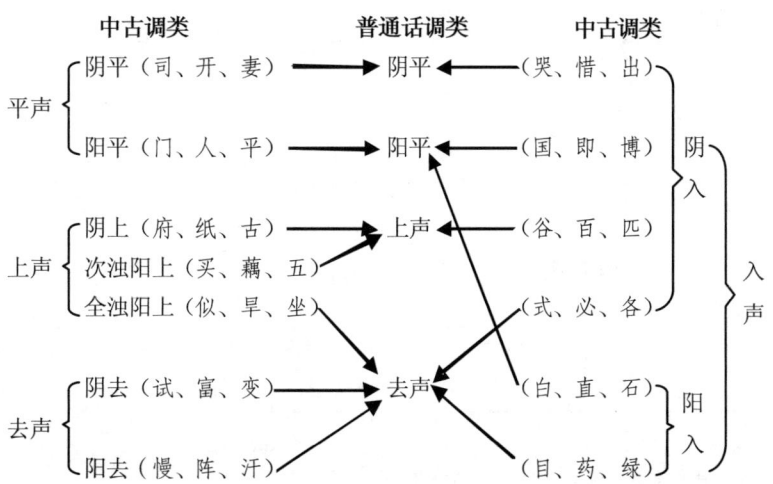

汉语主要方言声调对照表

古调类\清浊声母\地名和调值	平声		上声			去声		入声			
	清	浊	清	次浊	全浊	清	浊	次清	全清	次浊	全浊
北京 4①	阴平 55	阳平 35	上声 214			去声 51		分别归入阴平、阳平、上声和去声			
沈阳 4	阴平 44	阳平 35	上声 213			去声 41		分别归入阴平、阳平、上声和去声			
济南 4	阴平 213	阳平 42	上声 55			去声 21		分别归入阴平、阳平和去声			
兰州 4	阴平 31	阳平 53	上声 33			去声 24		归去声			归阳平
西安 4	阴平 31	阳平 24	上声 42			去声 55		分别归入阴平、阳平、上声和去声			
成都 4	阴平 44	阳平 31	上声 53			去声 13		归阳平			
南京 5	阴平 31	阳平 13	上声 22			去声 44		入声 5			
苏州 7	阴平 44	阳平 13	上声 52	归阳去		阴去 412	阳去 31	阴入 5		阳入 23	
上海 5	阴平 54	阳平 24	上声 33			归阳平		阴入 5		阳入 2	
长沙 6	阴平 33	阳平 13	上声 41		归阳去	阴去 55	阳去 21	入声 24			
南昌 6	阴平 42	阳平 24	上声 213		归阳去	阴去 55	阳去 21	入声 5			
梅县 6	阴平 44	阳平 11	上声 31			去声 52		阴入 21		阳入 3	

① 地名下方的数字为该地的声调数目。

续表

地名 古调类和调值 \ 古清浊声母	平声 清	平声 浊	上声 清	上声 次浊	上声 全浊	去声 清	去声 浊	入声 次清	入声 全清	入声 次浊	入声 全浊
福州 7	阴平 44	阳平 52	上声 31		归阳去	阴去 213	阳去 242	阴入 23			阳入 4
厦门 7	阴平 55	阳平 24	上声 51		归阳去	阴去 11	阳去 33	阴入 32			阳入 5
广州 9	阴平 53	阳平 21	阴上 35	阳上 13		阴去 33	阳去 22	上阴入 55	下阴入 33		阳入 22

附录四 轻声、儿化必读词

必读轻声词表

下表为《普通话水平测试用必读轻声词语表》(2021年版)中不含词缀"子""头"的词语以及重叠词。原表共收词594条,其中"子"尾词217条,"头"尾词26条,重叠词20条。下列331条。

爱人	巴结	巴掌	白净	帮手	棒槌	包袱	本事
比方	扁担	别扭	薄荷	簸箕	补丁	不由得	部分
财主	裁缝	苍蝇	差事	柴火	称呼	出息	除了
畜生	窗户	伺候	刺猬	凑合	耷拉	答应	打扮
打点	打发	打量	打算	打听	打招呼	大方	大爷
大意	大夫	耽搁	耽误	道士	灯笼	提防	滴水
嘀咕	地道	地方	弟兄	点心	东家	东西	动静
动弹	豆腐	嘟囔	端详	队伍	对付	多么	哆嗦
耳朵	废物	风筝	福气	富余	甘蔗	干事	高粱
膏药	告诉	疙瘩	胳膊	工夫	功夫	姑娘	故事
寡妇	怪不得	怪物	关系	官司	棺材	规矩	闺女
哈欠	蛤蟆	含糊	行当	合同	和尚	核桃	恨不得

红火	厚道	狐狸	胡萝卜	胡琴	葫芦	糊涂	护士	
皇上	活泼	火候	伙计	机灵	记号	记性	家伙	
架势	嫁妆	见识	将就	交情	叫唤	结实	街坊	
姐夫	戒指	芥末	精神	开通	靠得住	咳嗽	客气	
口袋	窟窿	快活	阔气	拉扯	喇叭	喇嘛	来得及	
懒得	唠叨	老婆	老实	老爷	累赘	篱笆	力气	
厉害	利落	利索	痢疾	连累	凉快	粮食	铃铛	
溜达	啰唆	萝卜	骆驼	麻烦	麻利	马虎	买卖	
忙活	冒失	眉毛	媒人	门道	眯缝	迷糊	苗条	
名堂	名字	明白	模糊	蘑菇	木匠	那么	难为	
脑袋	能耐	你们	念叨	娘家	奴才	女婿	暖和	
疟疾	牌楼	盘算	朋友	脾气	屁股	便宜	漂亮	
婆家	铺盖	欺负	亲戚	勤快	清楚	亲家	热闹	
人家	人们	认识	扫帚	商量	晌午	上司	烧饼	
少爷	舍不得	舍得	什么	生意	牲口	师父	师傅	
石匠	石榴	时辰	时候	实在	拾掇	使唤	世故	
似的	事情	试探	收成	收拾	首饰	舒服	舒坦	
疏忽	爽快	思量	俗气	算计	岁数	他们	它们	
她们	踏实	特务	挑剔	跳蚤	铁匠	头发	妥当	
唾沫	挖苦	外甥	晚上	尾巴	委屈	为了	位置	
温和	稳当	窝囊	我们	稀罕	媳妇	喜欢	下巴	
吓唬	先生	乡下	相声	消息	小气	笑话	歇息	
心思	行李	兄弟	休息	秀才	秀气	学生	学问	
衙门	哑巴	胭脂	烟筒	眼睛	秧歌	养活	吆喝	
妖精	钥匙	衣服	衣裳	意思	应酬	冤家	冤枉	
月饼	月亮	云彩	运气	在乎	咱们	早上	怎么	
扎实	眨巴	栅栏	张罗	丈夫	丈人	帐篷	招呼	
招牌	折腾	这个	这么	芝麻	知识	指甲	主意	
转悠	庄稼	壮实	状元	自在	字号	祖宗	嘴巴	
作坊	琢磨	做作						

必读儿化词表

下表为《普通话水平测试用儿化词语表》(2021年版),本表共收词200条,列出原形韵母和所对应的儿化韵,用符号＞表示由哪个原形韵母变为儿化韵。描写儿化韵中的":"表示":"之前的是主要元音(韵腹),不是介音(韵头)。

(1) a＞ar　板擦儿　打杂儿　刀把儿　号码儿　没法儿　戏法儿　找碴儿
　　ai＞ar　壶盖儿　加塞儿　名牌儿　小孩儿　鞋带儿
　　an＞ar　包干儿　笔杆儿　快板儿　老伴儿　脸蛋儿　脸盘儿
　　　　　　门槛儿　收摊儿　蒜瓣儿　栅栏儿
(2) ang＞ar(鼻化)　赶趟儿　瓜瓤儿　香肠儿　药方儿
(3) ia＞iar　掉价儿　豆芽儿　一下儿
　　ian＞iar　半点儿　差点儿　坎肩儿　拉链儿　聊天儿　露馅儿
　　　　　　冒尖儿　扇面儿　馅儿饼　小辫儿　心眼儿　牙签儿
　　　　　　一点儿　有点儿　雨点儿　照片儿
(4) iang＞iar(鼻化)　鼻梁儿　花样儿　透亮儿
(5) ua＞uar　大褂儿　麻花儿　马褂儿　脑瓜儿　小褂儿　笑话儿
　　　　　　牙刷儿
　　uai＞uar　一块儿
　　uan＞uar　茶馆儿　打转儿　大腕儿　饭馆儿　拐弯儿　好玩儿
　　　　　　火罐儿　落款儿
(6) uang＞uar(鼻化)　打晃儿　蛋黄儿　天窗儿
(7) üan＞üar　包圆儿　出圈儿　绕远儿　人缘儿　手绢儿　烟卷儿
　　　　　　杂院儿
(8) ei＞er　刀背儿　摸黑儿
　　en＞er　把门儿　别针儿　大婶儿　刀刃儿　高跟儿鞋　哥们儿
　　　　　　后跟儿　花盆儿　老本儿　面人儿　纳闷儿　嗓门儿
　　　　　　小人儿书　杏仁儿　压根儿　一阵儿　走神儿
(9) eng＞er(鼻化)　脖颈儿　钢镚儿　夹缝儿　提成儿
(10) ie＞ier　半截儿　小鞋儿
　　üe＞üer　旦角儿　主角儿
(11) uei＞uer　耳垂儿　墨水儿　跑腿儿　围嘴儿　一会儿　走味儿
　　uen＞uer　冰棍儿　打盹儿　光棍儿　开春儿　没准儿　胖墩儿
　　　　　　砂轮儿
　　ueng＞uer(鼻化)　小瓮儿
(12) -i(前)＞er　瓜子儿　没词儿　石子儿　挑刺儿
　　-i(后)＞er　记事儿　锯齿儿　墨汁儿
(13) i＞i∶er　垫底儿　肚脐儿　玩意儿　针鼻儿
　　in＞i∶er　脚印儿　送信儿　有劲儿
(14) ing＞i∶er(鼻化)　打鸣儿　蛋清儿　花瓶儿　火星儿　门铃儿
　　　　　　人影儿　图钉儿　眼镜儿
(15) ü＞ü∶er　毛驴儿　瘊孟儿　小曲儿

ün＞ü:er　合群儿

(16) e＞er　挨个儿　唱歌儿　打嗝儿　单个儿　逗乐儿　饭盒儿　模特儿

(17) u＞ur　泪珠儿　梨核儿　没谱儿　碎步儿　媳妇儿　有数儿

(18) ong＞or(鼻化)　抽空儿　果冻儿　胡同儿　酒盅儿　门洞儿　小葱儿
　　　iong＞ior(鼻化)　小熊儿

(19) ao＞aor　半道儿　灯泡儿　红包儿　叫好儿　绝着儿　口哨儿
　　　　　　口罩儿　蜜枣儿　手套儿　跳高儿

(20) iao＞iaor　豆角儿　火苗儿　开窍儿　面条儿　跑调儿　鱼漂儿

(21) ou＞our　个头儿　老头儿　门口儿　年头儿　纽扣儿　线轴儿
　　　　　　小丑儿　小偷儿　衣兜儿

(22) iou＞iour　顶牛儿　加油儿　棉球儿　抓阄儿

(23) uo＞uor　被窝儿　出活儿　大伙儿　火锅儿　绝活儿　小说儿
　　　　　　邮戳儿　做活儿

　　　(o)＞or　耳膜儿　粉末儿

第三章 文字

第一节 汉字概说

一、文字和语言

文字是记录语言的书写符号系统,是最重要的辅助性交际工具。人类通过文字的记录和传播功能,大大加快了人类文明的进程。文字的产生是人类进入文明社会的重要标志。

文字在语言的基础上产生,依附于语言。人类先有语言,后有文字。有的民族语言至今还没有相应的文字。而在有文字的民族里,不识字的人也可以进行日常交流。

文字用什么符号记录语言,是约定俗成的。同一种语言可以采用不同的文字符号,不同的语言也可以采用相同的文字符号。

世界上的文字多种多样。按照记录语言音或义的不同,以及记录语言单位的大小差异,可以把文字分为不同的类型。

表 3-1 文字类型

记录语言的音、义	表音文字		表意文字
记录语言单位	音素文字	音节文字	语素文字
对应文字举例	英文、阿拉伯文	日文	汉字

表音文字用数目不多的符号(字母)表示有限的音素或音节。一般来说,音和字母的对应相对稳定。人们掌握了字母的发音和拼写规则,听到了一个词的发音大致就能写下来,看到了一个词的形体也大体能读出来。与表音文字相反,表意文字并不直接与声音发生联系,而是用数量较多的符号表示语言中最小的音义结合体——语素。

二、汉字的性质和特点

汉字是记录汉语的书写符号系统。它是汉族人民在长期社会实践中逐渐创造出来的。从形体、造字法、字量及字词之间的关系来看,商朝晚期的甲骨文已经是相当成熟的文字体系。由此可知,汉字产生的时间一定更早。汉字是世界上持续使用时间最长的文字,也是各大古老文字体系中唯一传承至今的文字。

汉字用特定的符号直接表示词或语素的意义。读音相同的字可以表示意义不同的词或语素,读音不同的字也可以表示意义相同的词或语素。同一个汉字,古今的读音可能不同,不同方言中的读音也可能不同。但是今人能理解古书中汉字的字义,不同地方的人对同一汉字字义的理解也是一致的。因此说,汉字是表意文字。

汉字的表意文字性质使汉字具有较强的超时空性。几千年来,汉字的字音变化很大,但是许多汉字的字义却变化不大,如古书上"天、地、人、王、马、牛、羊"等字,现代人不懂它的古音,但能了解它的字义。这些汉字在不同方言区往往有不同的读音,但是字义却基本相同。中华民族历史悠久,古代典籍丰富,地域十分辽阔,方言分歧很大,汉字具有的较强的超时空性使它能在不同历史时期、不同方言地区很好地起到交际工具的作用,有效地传承了中华文明,增强了民族凝聚力。

汉字具有分化同音字词的作用。现代汉语音节约有四百个,带调的音节也只有一千三百多个,存在大量的同音词。如果同音都同形,就容易产生歧义,不利于阅读。但汉字有几万个,相同的音节可以用许多不同的字形来书写,这就把同音词区分开来了。从这一角度来讲,汉字适应了汉语的需要,使汉字的表意体制得以长期保持。

汉字的结构体呈方块形。汉字不分词连写,字与字之间没有空格。这是汉字书写上的特点。

三、汉字的作用

中华民族创造的光辉灿烂的古代文化,包括政治、经济、军事、科技、历史、文学、艺术等方面的重大成果,大都靠汉字记载下来,传播四方,流传到现在,成为中华民族和全世界人民共同的宝贵财富。

现在,汉字是国家法定的通用文字,它服务于各族人民,服务于各行各业,在我国的物质文明、精神文明建设以及人工智能技术的发展中发挥着重要的作用。

与我们相邻的越南、朝鲜半岛、日本都曾借汉字来记录自己的语言。至今,日本、韩国还在部分使用汉字,新加坡等国甚至把汉字作为他们国家的通行文字之一。汉字对保存这些国家的文化遗产,促进我国与这些国家的交流,起着重要的作用。联合国还把我国的规范汉字作为工作中使用的六种文字之一,汉字在国际交往中继续发挥着积极的作用。

复习与练习(一)

复习题

1. 什么是文字?
2. 为什么说汉字是表意体系的文字?它在书写上有什么特点?
3. 怎样理解汉字较强的超时空性?
4. 汉字有哪些作用?

第二节　汉字的形体

现代汉字是从古代汉字演变来的,汉字历史上出现过甲骨文、金文、小篆、隶书、楷书五种主要字体以及草书、行书等辅助字体。

甲骨文指刻写在龟甲兽骨上的文字。现在发现的甲骨文主要是商代后期的,也有少量是周代的。它是我国已发现的古代文字中时代

图 3-1　商代甲骨文　卜雨应验① 　　图 3-2　商代甲骨文　干支表②

---

① 释文:癸子(巳)卜,争鼎(贞):今一月雨?王固(占)曰:□丙雨。
　　　　癸子(巳)卜,争鼎(贞):今一月不其雨?
　　　　勺(旬)壬寅雨,甲辰亦雨。
② 释文:甲子乙丑丙寅丁卯戊辰己子(巳)庚午辛未壬申癸酉
　　　　甲戌乙亥丙子丁丑戊寅己卯庚辰辛子(巳)壬午癸未
　　　　甲申乙酉丙戌丁亥戊子己丑庚寅辛卯壬辰癸子(巳)
　　　　甲午乙未丙申丁酉戊戌己亥庚子辛丑壬寅癸卯
　　　　甲辰乙子(巳)丙午丁未戊申己酉庚戌辛亥壬子癸丑
　　　　甲寅乙卯丙辰丁子(巳)戊午己未庚申辛酉壬戌癸亥

最早的成体系的文字。甲骨文绝大多数是用刀刻出来的,所以笔画细瘦,多用方笔。

金文指铸刻在青铜器上的文字,也叫铜器铭文。金文从商周到秦汉甚至时代更晚都有,这里指的是先秦金文。金文一般笔画肥粗丰满,外形方正、匀称。

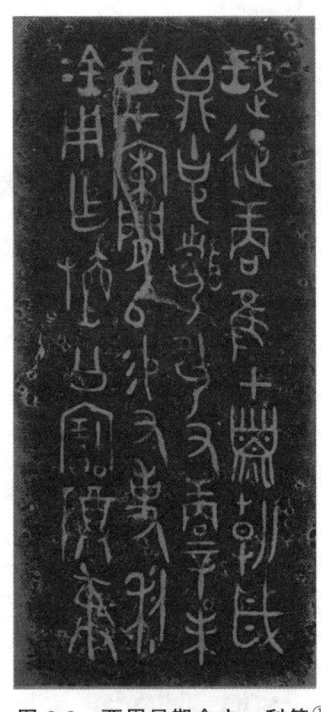

图 3-3　西周早期金文　利簋[①]

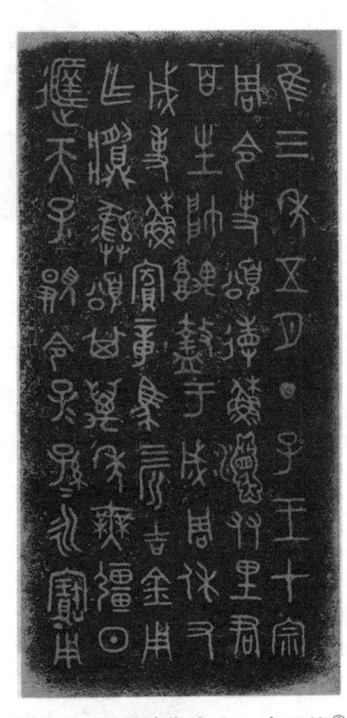

图 3-4　西周晚期金文　史颂簋[②]

---

① 释文:珷(武王)征商,隹(惟)甲子朝岁
鼎(贞),克,闻(昏)夙又(有)商。辛未
王才(在)𥳑𠂤,易(赐)又(有)事(司)利
金。用乍(作)旜公宝䵼(尊)彝。

② 释文:隹(惟)三年五月丁子(巳),王才(在)宗
周,令史颂𥁰(省)𣓸(苏),□友里君、
百生(姓)帅(率)䚢(偶)盩于成周,休又(有)
成事。𣓸(苏)宾章(璋)、马三(四)匹、吉金,用
乍(作)𣪘彝。颂其萬年无疆(彊),日
𨒪天子𩁹令,子子孙孙永宝用。

图 3-5　战国金文　栾书缶①

小篆指秦始皇统一六国后整理、推行的标准字体,笔画整齐圆转,字形匀称。小篆是汉字古文字阶段的最后一种形体,它承上启下,既是辨识各种更早古文字的重要阶梯,又是汉字继续发展演变的基础。

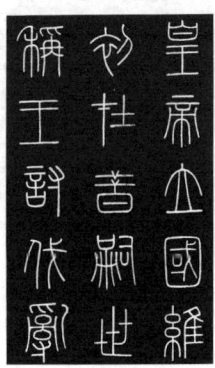

图 3-6　秦小篆　阳陵虎符②　　图 3-7　秦小篆　峄山刻石③

---

① 释文:正月秄(季)菁(春),元日己丑,
　　　余畜孙书也,敽(择)其吉
　　　金,以伇(作)铸鎚(缶)。吕(以)祭(祭)我
　　　皇际(祖),虘(吾)吕(以)旂(祈)沬(眉)寿。䜌(栾)
　　　书之子孙,萬斁(世)是䨻(宝)。
② 释文:甲兵之符,右才(在)皇帝,左才(在)阳陵。
③ 释文:皇帝立国,维(惟)初在昔,嗣世称王。讨伐乱。

隶书有秦隶、汉隶两种。秦隶是秦代使用的隶书,主要特点是把小篆圆转弧形的笔画变成方折平直的笔画,基本摆脱了古文字象形的特点,但还保留着一些篆书的笔法,所以也叫古隶。汉隶是在秦隶的基础上演变来的,是汉代通行的字体,字形规整,撇、捺、长横有波磔,很少有篆书的笔法。从隶书开始,汉字进入了今文字的范畴。今文字是指秦以后的文字,包括隶书、草书、行书和楷书。

图 3-8　秦隶　睡虎地秦简《日书》①

图 3-9　汉隶　曹全碑②

楷书兴于汉末,盛行于魏晋,一直沿用至今,字形方正,笔画没有波磔,书写方便。楷书的"楷",是楷模的意思,楷书即标准字体,因此楷书又叫真书、正书。汉字发展到楷书就基本上定型了。

---

① 释文:凡月望,不可取(娶)妇、家(嫁)女、入畜生(牲)。
　　　　凡以此往,亡必得,不得必死。
　　　　□祭(祭)祀、家(嫁)子、作大事皆可。
② 释文:君讳全,字景完,敦煌效穀人也。其先盖周之胄。

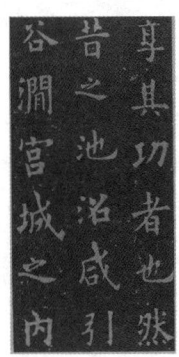

图 3-10　楷书　唐欧阳询《九成宫醴泉铭》①

草书包括章草、今草、狂草三种。章草是隶书的草写体,因在东汉章帝时盛行而得名,笔画有汉隶的波磔,虽有连笔,但字字独立。今草产生于东汉末,形体连绵,字字顾盼呼应,贯通一气,笔形没有波磔。狂草产生于唐代,变化多端,很难辨认。它脱离了文字的实用目的,变成了纯粹的书法艺术。

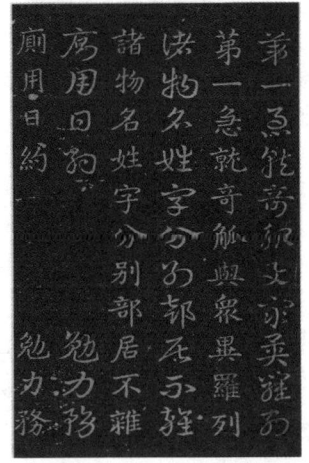
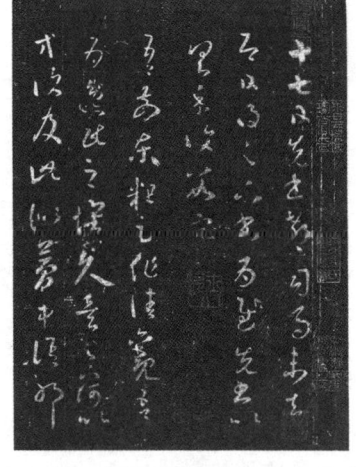

图 3-11　章草　三国吴皇象本《急就篇》②　　图 3-12　今草　晋王羲之《十七帖》③

---

① 释文:享其功者也。然昔之池沼,咸引谷涧。宫城之内
② 释文:第一 急就奇觚与众异,罗列诸物名姓字,分别部居不杂厕,用日约[少诚快意],勉力务
③ 释文:十七日先书,郗司马未去,即日得足下书,为慰。先书以具,示复数字。吾前东粗足作佳观,吾为逸民之怀久矣,足下何以等复及此,似梦中语耶?

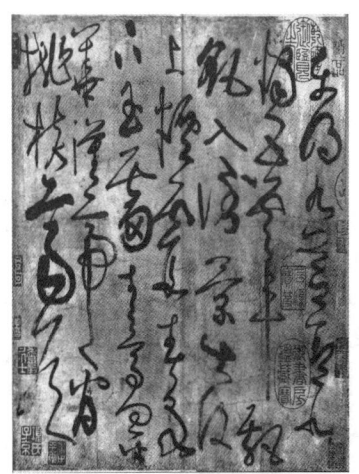

图 3-13　狂草　唐张旭《古诗四帖》①

行书产生于东汉末年,一直运用至今,字形近草不放,近楷不拘,笔画连绵,一般各字独立,好认易写。行书可以分为行楷、行草两类,行楷是跟楷书比较接近的行书,行草是跟草书比较接近的行书。

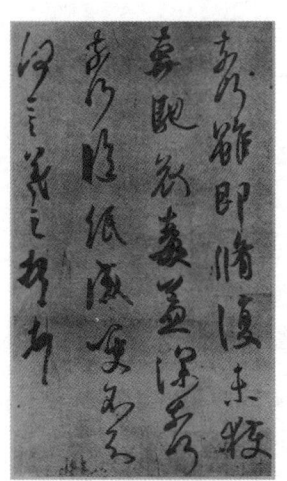

图 3-14　行书　晋王羲之《丧乱帖》②

---

① 释文:东明九芝盖,北烛五云车。飘摇入倒景,出没上烟霞。春泉下玉霤,青鸟向金华。汉帝看桃核,齐侯

② 释文:奈何!虽即修复,未获奔驰,哀毒益深,奈何奈何!临纸感哽,不知何言!羲之顿首。

现行汉字的印刷体多用楷书,手写体多用行书和楷书。但在某些特定的场合尤其是书法创作时,各种形体都可能使用。

国家正式发布的文件和一般的报刊、书籍,都用的是楷书。印刷体中的楷书主要有宋体、仿宋体、黑体、楷体四种,这些字体后来又被输入电脑,成为电脑印刷体。行书是楷书的辅助性字体,在日常书写中一般都采用行书。它是楷书的一种快写体,由于楷书书写速度较慢,所以除了有特殊需要之外(如初学者习字),一般人更喜欢写行书。行书既便于书写,又易于辨认,是现代汉字手写体中应用最广泛的字体。

复习与练习(二)

一、复习题

1. 汉字主要有哪些字体?这些字体各有什么特点?
2. 现行汉字中,印刷体和手写体主要使用哪些字体?

二、练习题

根据本节提供的字体附图,选择其中的一种字体进行临摹,仔细体会这种字体的特点。

【课程延伸内容】

现行印刷体的常用字号和字体

印刷体按字体大小不同,分成不同的字号。常用的字号从大到小有初号、小初号、一号、小一号、二号、小二号、三号、小三号、四号、小四号(新四号)、五号、小五号(新五号)、六号、小六号、七号等。

表 3-2　汉字印刷体部分字号表

初号	现代汉字字号
一号	现代汉字字号
二号	现代汉字字号
三号	现代汉字字号
四号	现代汉字字号
小四	现代汉字字号
五号	现代汉字字号
小五	现代汉字字号
六号	现代汉字字号
七号	现代汉字字号

一般来说,各种形体的汉字都可以印刷出来,成为印刷体。随着信息技术的发展,电脑里可以出现各类印刷体,电脑中的字体也日趋丰富,较为常用的除前面提到的宋体、仿宋体、黑体、楷体外,还有华文行楷、华文隶书、华文彩云、华文琥珀、华文细黑、华文新魏、方正舒体、方正姚体、微软雅黑、幼圆等多种字体。

表 3-3　常见印刷字体表

宋体	现代汉字字体
仿宋体	现代汉字字体
黑体	现代汉字字体
楷体	现代汉字字体
华文行楷	现代汉字字体
华文隶书	现代汉字字体
华文彩云	现代汉字字体

续表

华文琥珀	现代汉字字体
华文细黑	现代汉字字体
华文新魏	现代汉字字体
方正舒体	现代汉字字体
方正姚体	现代汉字字体
微软雅黑	现代汉字字体
幼圆	现代汉字字体

第三节 汉字的造字法

古今汉字大体可以按照象形、指事、会意、形声四种造字法来分析造字的理据。

一、象形

通过描绘事物形状来表示字义的造字法。用这种方法造的字就是象形字。 例如：

马　鸟　鹿　羊　牛　州　眉

以上例字都是甲骨文，其中"马、鸟、鹿"三字基本上画出了这三种动物的外形；"羊、牛"二字只是画出了这两种动物的部分外形特征来代表整体；"州、眉"二字则为了使所象的形体更加明确，还附加了相关物体的形象。

古代汉字中的象形字发展到现代大都已失去了原来的象形特征，基本上变成硬性规定的记号字了。新产生的汉字中也有象形字，如"丫"字，但已非常罕见。

用象形法造字有它的局限，因为复杂的事物、抽象的概念很难象形，所以单靠这种方法造的字较少。

象形字多是独体字，是构成其他汉字的基础。

二、指事

用象征性符号或在象形字上加提示符号来表示字义的造字法。用这种方法造的字就是指事字。指事字可分两种。一种是象征性符号的指事字,如用三条线表示"三",用弧向上和向下的两条长弧线(或长横线)为基准,上边和下边各加一短线表示"上"和"下"。另一种是象形字加提示符号的指事字,如"本"原义是树根,在"木"下部加一点或一短横,表示树根的所在,而"末"字刚好相反;"刃"是在刀刃处加一点,"亦"是在人形的两腋下各加一点。

三　上　下　本　末　刃　亦

在现行汉字中有些指事字已看不出指事的意图,如"亦"。指事字的数量很少。

三、会意

用两个或几个字符合成一个字,把这些字符的意义合成新字的意义,这种造字法叫会意。用会意法造的字就是会意字。会意字有"以形会意"和"以义会意"两种。"以形会意"是通过字符的形象合起来表意,如甲骨文的"牧"像手拿鞭子赶牛,表示放牧;"宿"像屋子里有人躺在席子上睡觉,表示住宿;"伐"像用戈砍人头,表示砍伐;"折"像斧子把木头砍成两段,表示折断;"步"像双脚一前一后走路,表示步行。

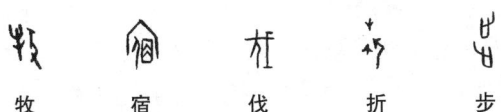
牧　宿　伐　折　步

"以义会意"是通过字符的字义合起来表意,如不正为"歪",小土为"尘",山高为"嵩";"笔"由竹、毛合成,"林"由两个"木"合成。

现行的会意字多数是从古代会意字演变来的,但古代的有些会意字,如"弄、祝、祭、集、香"等,由于字形的演变、字义的变化,很难了解它们是如何会意的。有些古代的会意字如"繭、筆"等,现行汉字简化成"茧、笔",会意更清晰了。

四、形声

由表示字义类属的部件和表示字音的部件组成新字,这种造字法叫形声。用形声法造的字是形声字。表示字义和字音的部件一般分别称作形旁和声旁。如"材"字中的形旁"木"表示树木,声旁"才"表示读音,组成从木才声的形声字。形声法是汉字造字法中最能产的,现行汉字大部分是形声字。

形声字的形旁原来大都是象形字,如"箱、厢、想、湘、细"的形旁"竹、厂、心、氵(水)、纟(系)"。象形字、指事字、会意字、形声字都可以做形声字的声旁,如"恙、忍、怂、悟"的"羊、刃、从、吾"。

有的形声字有省形和省声的情况。省形,就是省去形旁的一部分,如"亭"从高省,丁声,形旁"高"省去了下面的"口"。省声,就是省去声旁的一部分,如"珊"从王(玉),删省声,声旁"删"省写成了"册"。

还有一种亦声字,也就是会意兼形声字,如"贫",从贝从分,分亦声;"姓",从女从生,生亦声。

形声字有表音成分,这比没有表音成分的象形字、指事字、会意字有一定的优越性。同一个形旁加上不同的声旁,可以造出意义相关而读音不同的一批形声字,如形旁"水",在通用字中就有"江、湖、溪、汗、沁、沛"等大量的意义和水有关的形声字。同一个声旁,也可加上不同的形旁,组成读音相同或相近而意义不同的一批形声字,如用"艮"做声旁的"跟、垦、很、恨、痕、银"等。

古代传下来的形声字,有些简化后声旁表音比过去准确了,如"证(證)、沟(溝)、战(戰)、态(態)"等。有些因用特定符号代替声旁,写起来简单,但表音不清楚了,如"鸡(鷄)、权(權)、难(難)、仅(僅)、邓(鄧)、赵(趙)"等。后起字绝大多数是形声字。

形声字都是合体字,形旁和声旁的部位大体有以下六类。

① 左形右声:江、松、铜、推、跑、税、惕、岭
② 右形左声:鸠、削、敲、效、雅、魂
③ 上形下声:芋、简、霄、爸、窖、崇

④ 下形上声：譬、膏、剪、堡、斧、烈
⑤ 外形内声：囚、阔、匣、衷
⑥ 内形外声：问、闻、瓣、辨

另外有些字比较特殊。有的左上形，右下声，如"厅、府、疾、屁"。有的左下形，右上声，如"廷、越、飐"。有的右上形，左下声，如"翅、题"。有的形或声在一个角上，如"荆"，从艹（艸），刑声；"颖"，从禾，顷声；"徒"，从辵（chuò），土声。

有时候，同样的形旁和声旁部位不同也是相同的一个字，如"略畧、够夠"等，它们只是偏旁位置不同的异体字；但有时候，同样的形旁和声旁由于部位不同会形成完全不同的两个字，如"召叨、含吟、架枷、晕晖、帛帕、衿衾、裹裸、忘忙、忠忡、怠怡、愈愉、紊纹"等。

掌握形声字的形旁和声旁对学习汉字具有积极的作用。形旁的主要作用是表示字的意义类属，可以帮助了解和区别字的意义，如用"扌（手）"表示同手的动作行为有关系，如"扑、扒、扔、扛、扣"等。又如，用"劳"做声旁的形声字，在通用字中有"捞、崂、铹、唠、痨、耢、涝"等，这些字可以通过形旁了解区别它们的意义类属。声旁的主要作用是表示读音，大约有 1/4 的形声字声旁和整个字的读音完全相同，如"换、唤、涣、焕、痪"等。有些形声字同声旁的读音不完全相同，但也有一定的规律，可以帮助区别形似字，如用"仑"做声旁的字一般读 lun（抡、沦、轮、伦）；用"仓"做声旁的字，韵母一般有 ang（伧、抢、沧、枪）。了解这个特点，"抢—抡、伦—伧、沦—沧"的区别就不困难了。

不过，形旁的表意功能有一定的局限性。第一，绝大多数形旁只表示意义类属，不表示具体意义，如用"口"做形旁的"吃、吐、呼、吸"等，同是表示与口有关的动作，但"吃"和"吐"、"呼"和"吸"意义正好相反。第二，由于事物的变化以及词义引申、文字假借等原因，有些形旁的表意作用受到了影响，甚至丧失了表意作用，如"籍"的本义是用竹简书写的簿书，所以"籍"的形旁用"竹"，这个形旁在今天已经失去了表意作用；"理"的原义是对玉进行加工，所以形旁用"王（玉）"，后来引申为治理、道理等，这些引申义都和玉无关；"笨"字原来表示竹子内壁里的白色薄膜，所以形旁从"竹"，假借为粗笨的"笨"以后，就与"竹"失去联系了。

声旁的表音作用也有很大的局限性。第一,由于古今语音的演变等原因,大约有 3/4 的形声字和它的声旁读音并不一致,甚至差异很大,如用"昆"做声旁的"混、棍",用"寿"做声旁的"踌、涛、铸"等,它们的读音跟声旁的读音都不相同。第二,有的声旁不容易分辨出来,如"贼",表面看是从贝从戎,像个会意字,其实是从戈则声的形声字,从现代汉字的形体上已经看不出来了。省声字更不好分辨,如"疫",从疒,役省声。第三,有些声旁现在不单用,一般人不知道它的读音,如"托、瘟、廖"中的"乇(tuō)、昷(wēn)、翏(liù)"等。

复习与练习(三)

一、复习题

1. 举例说明汉字的造字法主要有哪几种。
2. 形声字中的形旁主要有什么作用?又有哪些局限?
3. 形声字的声旁主要有什么作用?又有哪些局限?

二、练习题

1. 下列汉字是哪一种造字法造出来的?

男 女 虎 上 象 下 云 爸
禾 竹 车 刃 三 常 武 从
珊 忐 凹 明 鹿 匣 门 阁

2. 分析下列各组声旁相同的形声字,看它们的字义跟形旁有什么联系。

(1) 赌睹堵 (2) 瞠膛 (3) 沾玷 (4) 抠枢怄
(5) 溢谥隘 (6) 苔答 (7) 胳略 (8) 渴谒喝

3. 分析下列各组形旁相同的形声字,看它们的读音跟声旁有什么联系。

(1) 锁销 (2) 狼狠 (3) 钓钩 (4) 徒徙
(5) 叨叨 (6) 瘦瘦 (7) 沁泌 (8) 货贷

第四节 现代汉字的结构

现代汉字的结构,可以从两个方面来分析:一是结构单位,包括笔画和部件;二是笔顺。

一、结构单位

(一) 笔画

笔画是构成汉字字形的最小的连笔单位。从落笔到收笔所写的点或线叫一笔或一画。

传统的汉字基本笔画有"点、横、竖、撇、捺、提、折、钩"八种,又称"永字八法"。

1965年文化部和中国文字改革委员会(后面简称"文改会")公布的《印刷通用汉字字形表》和1988年国家语言文字工作委员会(后面简称"国家语委")、新闻出版总署发布的《现代汉语通用字表》规定了五种基本笔画:横、竖、撇、点、折。传统的"捺"归入了"点","提"归入了"横","钩"是楷书的笔势带出来的,附属在其他笔画末端,因此没有列为独立的形体。

笔画的具体形状有主笔形和附笔形的分别。主笔形是一般的写法,附笔形是笔画在字的不同位置或不同偏旁中的变形,如横有平横、提横(如"三、地"),竖有短竖、长竖(如"归、中"),撇有平撇、竖撇(如"千、月"),点有短点、长点、左点(如"主、双、刃"),捺有平捺、斜捺(如"之、人")。

在五种基本笔画中,横、竖、撇、点是单一笔画,折是复合笔画。折笔是两种或两种以上笔画的连接,如"口"字第二笔横折,"凹"字第二笔横折折,"凸"字第四笔横折折折,"乃"字第一笔横折折折钩。2001年由教育部和国家语委发布的《GB13000.1字符集汉字折笔规范》对20902个字所归纳的宋体折笔共有4大类25小类(参见附录一)。

每一个规范汉字的笔画数是一定的。笔画数和笔形,对于汉字教学、查字典和索引都是必要的,排列人名有时也会按姓氏笔画的多少和笔形的顺序。《印刷通用汉字字形表》和《现代汉语通用字表》统一了字形,也规定了笔画数目。

笔画的组合有相离(如"二、心")、相接(如"人、山")、相交(如"十、韦")三种方式,但多数汉字是由两种或三种方式构成的,如"炜、街"。

(二) 部件

1. 部件及部件的组合

部件是由笔画组成的构字单位,如"件"中的"亻、牛","部"中的"立、口、阝"。部件一般由两个或两个以上的笔画构成,也有一个笔画构成的,如"乙"。有的部件可以单独成字,如"牛、口、寸、立";有的部件不能独立成字,需要跟别的部件组合成字,如"阝、丶、氵、灬"。由多个部件组成的字,部件的组合往往有先后次序,如"邵"先由部件"刀、口"组合成部件复合体"召","召"再跟部件"阝"组合成"邵";又如"端"是由部件"立"和部件复合体"耑"组合而成的,"耑"又由部件"山"和"而"组合而成。

由两个或两个以上部件组成的字,它们部件的组合方式主要有三种:

(1) 左右组合

① 左右结构:休、路、河、好

② 左中右结构:树、瓣、掰、弼

(2) 上下组合

① 上下结构:要、写、露、帛

② 上中下结构:意、薯、衷、莫

(3) 包围组合

① 两面包围

 A. 上左包围:庭、床、病、厢

 B. 上右包围:句、勾、匀、包

 C. 左下包围:还、越、建、翅

② 三面包围

 A. 上三包围:间、闲、周、同

 B. 下三包围:凶、函、画、凼

C. 左三包围：区、医、匝、匪

③ 四面包围：国、围、回、园

绝大多数汉字属于左右组合和上下组合，包围组合较少。结构复杂的汉字可能分析出多层组合。如"想"有两层组合，第一层组合是"相、心"，上下结构；第二层组合是"相"的"木、目"，左右结构。"落"有三层组合，第一层组合是"艹、洛"，上下结构；第二层组合是"洛"的"氵、各"，左右组合；第三层组合是"各"的"夂、口"，上下结构。

部件是对现行汉字的形体结构所做的分析。汉字虽然数量庞大，但部件有限①，分析和研究汉字的部件，对汉字的学习和运用可以收到以简驭繁的效果，对汉字的信息化处理也有重要意义。

2. 部件与偏旁、部首

部件与偏旁不同，**偏旁是传统文字学的概念，它是从造字法的角度对合体字进行分析所得到的结构单位**。偏旁可以分成形旁（或意符）和声旁（或音符）两类。形声字基本上是由一个形旁和一个声旁组成，如"妈""放"的形旁分别是"女""攵"，声旁分别是"马""方"。而构成会意字的偏旁都是形旁，如"休""磊"中的"亻、木、石"。部件和偏旁是从不同角度分析汉字的结果，有时候偏旁与部件并不对应，如"湖"的形旁是"氵"，声旁是"胡"，由两个偏旁组成；但从部件的角度看，则可以分析出"氵、十、口、月"四个部件，这里的"十、口、月"并不是"湖"字的偏旁。可见，偏旁和部件虽然有时重合，但不能混为一谈。

部件与部首也不相同，传统的部首是字书中各部的首字②。大部分部首是汉字的一个部件，如"经"的部首"纟"，"家"的部首"宀"。有的部首则可以分成几个部件，如部首"音"可分成"立、日"两个部件。现代字词典中，有的部首还可能只是部件中的一个笔画，如"川、久"的

---

① 根据1997年12月1日国家语委发布、1998年5月1日实施的《信息处理用GB13000.1字符集汉字部件规范》，共有单一部件560个，可分成393组，每组1个主形部件，其余是附形部件，如"竹"是主形部件，"⺮"是附形部件。

② 采用部首给汉字归类，始于东汉许慎的《说文解字》，它把9353个汉字分为540部，每部的部首都是独立的汉字，所属部首的字与部首字在形体和意义上有一定的关联。后来的字书词典所用的归类部首跟《说文解字》相比有了不少改变，但一直都沿用这个名称，"部首"也成了编纂字词典时给汉字归类的一种手段。

部首"丿"。可见,部首和部件是不同的概念。

二、笔顺

笔顺是书写汉字时笔画的先后顺序。汉字的笔顺规则,可以概括为"从上到下、从左到右"和"先大后小、先长后短"两条。简单地说,就是"上下左右、大小长短"八个字。

从上到下:二、三、丁、匕、弓、十、七、斗、韦、互、巨
从左到右:八、川、州、人、几、九、又、及

书写汉字时,后一笔画的起笔总是顺着前一笔画的收笔来书写,所以判断某个笔画的上下左右要依据它的收笔而不是起笔。如"二、匕"等字的笔顺是从上到下,"七、韦"等字的笔顺也是从上到下;"八、几"等字的笔顺是从左到右,"九、及"等字的笔顺也是从左到右。因此,"从上到下、从左到右"不仅包括相离和相接的笔画,也包括相交的笔画。一般所说的"先横后竖(如'十')""先撇后捺(如'八')""左下包围结构(如'建')和下三包围结构(如'凶'),先里后外"等规则实际已包含在这个规则里。

多数汉字的笔顺并不是单纯的"从上到下"或"从左到右",而是两者的结合。如"仁"字由"亻"到"二"是从左到右,而"亻"和"二"都是从上到下;"火"字由"丷"到"人"是从上到下,而"丷"和"人"都是从左到右;"义"字先点为上,然后是从左到右;"忄"旁先写上部两点是从左到右,再竖是从上到下;"匹"字先横后"儿"再"乚"是从上到下,而中间的"儿"是从左到右。

先大后小:问、起、司、厅、小、发、玉、力、阝
先长后短:非、尚、兆、芈、北、里、重、毋、丑

为了字形的匀称美观,需要先写空间较大的部分或较长的笔画,以先确定这个字的骨架和重心。字形内部的大小可以通过估算它的纵、横向长度的乘积来判别,包括各种折笔的复合笔画大于横竖撇点等单一笔画。一般所说"从外到内"的字,如上三包围的"问、同、风",上左包围的"厅、庭、病",上右包围的"司、旬、习",左下包围中外围笔

画较多的"起、处、爬、翅、魁、趑"等,都是先写空间较大的部分。"先中间后两边"的字,如"小、办、亦、业"等中间部分比两边的点大,所以先写。一般所说的"在右上方或字里头的点多数最后书写",如"发、犬、术"和"玉、瓦、凡"等,这其实也是"从大到小"。至于"力、乃、万"等字的撇笔后写,"阝、卩"等偏旁的竖笔后写,都是由于单一笔画小于复合笔画。

"非"字左右两边的长竖比横画长,"尚、光、党"等字上部中间的短竖比两边的点长,所以先写;"兆"字的左右两边先写"丿、乚","北"字的左边和"芈"字的左上角和右上角都先写"丨",也是同样的道理。"里、重"等字最后三笔都是先长竖再两横,"毋"字最后两笔是先长撇再横,"丑"字中间是先长竖再短横,这都是"先长后短"。

"上下左右"规则和"大小长短"规则是共同起作用的,其中"上下左右"规则更为根本、重要,一般要优先运用。"国、因"等四面包围的字不是先把外面的方框写全,而是最后用下面的横笔封口;"即、鸟、戍、瓜、夜"等字里的点不是最后写;"丹、母、舟"等字最后两三笔不是先横后点,而是先写上面的点再横;"忄"旁不是先写竖而是先写上部的两点,都是"上下左右"规则先于"大小长短"规则运用的结果。

关于汉字笔顺的规范,最早有 1965 年文化部、文改会发布的《印刷通用汉字字形表》,后来在 1988 年国家语委、新闻出版署又发布了《现代汉语通用字表》,这两个字表规定了所收汉字的字形结构、笔画数和笔顺,但是没有一笔一笔地列出笔画的顺序,人们在使用过程中难免存在一些分歧。到了 1997 年,国家语委和新闻出版署联合发布《现代汉语通用字笔顺规范》,确定了 7000 个汉字的规范笔顺,一笔一画地明确了每个字的笔顺。为了规范更多汉字的笔顺,国家语委 1999 年发布《GB13000.1 字符集汉字笔顺规范》,规定了 20902 个汉字的笔顺规范,已于 2000 年 1 月 1 日正式实施。

复习与练习(四)

一、复习题

1. 什么是笔画?汉字的基本笔画有哪些?
2. 笔画与笔画的组合方式有哪些?请举例说明。

3. 什么是部件？汉字中部件的组合方式主要有哪些？

4. 什么是偏旁？什么是部首？它们和部件有什么不同？

5. 什么是笔顺？汉字笔顺的基本规则有哪些？请举例说明。

二、练习题

1. 分析下列各字的部件、部首和偏旁。

　　湖　晴　竖　氧　赶　乃　仍　悉

2. 写出下列汉字的笔顺。

　　与　义　叉　车　比　丑　北　白　舟　渊
　　忄　迅　里　非　乘　兜　颐　乃　及　万
　　丹　火　毋　母　凹　凸　垂　脊　豹　敝

【课程延伸内容】

部件的变形

　　部件在组成汉字的过程中，为了整体的美观匀称，需要与其他部件在形体上相互协调，这样同一部件在字的不同位置可能会有不同的形体，这就是部件的变形。如组成"杨"字的部件"木"变作"木"，组成"均"字的部件"土"变作"土"。又如组成"件"字的部件"亻"是"人"的变形，组成"江"字的部件"氵"是"水"的变形。

　　有的部件变形幅度较大，如上面提到"亻（人）、氵（水）"，又如"刂（刀）、讠（言）、忄（心）、扌（手）、饣（食）、犭（犬）、阝（在左为阜，在右为邑）、礻（示）、衤（衣）、灬（火）、钅（金）、𧾷（足）"等，已经不大容易看出和原来部件的联系。有些部件在组字时只是某个笔画发生了变形，如上面提到的"木、土"，它们还比较容易看出和原来部件的联系。笔画的变形主要有如下一些规律：

　　1. 横变成提。左右结构的字，左边部件的最后一笔如果是横，就改为提，如"地、环、功、孩、辆、勤、歧"。

　　2. 捺变成点。左右、包围、半包围结构的字，如果左部件、内部件有捺,就变为点,如"从、灯、郊、领、桃、因、困、医、送、这"。

3. 竖弯钩变成竖提,横竖弯钩变成横折提。左右结构的字,如果左边部件最后一笔是竖弯钩或横竖弯钩,就分别改为竖提、横折提,如"改、切、顿、雌、赞、鸠、颓"。

4. 竖或竖钩变成撇。左右结构的字,左边的部件是"半、羊、辛、手"时,则最后一笔变成撇,如"判、翔、辣、拜、掰"。

5. 横折钩变成横钩。当"雨"做上部件时,横折钩变成横钩,如"雪、雷、霜"。

了解部件的变形,有利于我们学习和使用汉字。

思考与讨论

有人认为,汉字部件在组字过程中发生了变形,增加了学习的困难,这完全是没必要的。你怎么看?

第五节 汉字的规范化

一、汉字的整理

汉字的整理经历了漫长的历史,而由政府组织、有计划、成系统的大规模汉字整理则始于20世纪50年代。半个多世纪以来,汉字的整理工作主要包括简化笔画、精简字数和整理字形三个方面。

(一) 简化笔画

1956年,国务院通过并公布了《汉字简化方案》,方案中的简化字分四批推行。1964年由文改会编印了《简化字总表》。1986年经国务院批准,国家语委重新公布《简化字总表》,并对个别字作了调整和加注。《简化字总表》共分三个表。第一表收不作简化偏旁使用的简化字350个,如"兒"简化为"儿",但"倪"的右边不能简化为"儿"。第二表收可作简化偏旁使用的简化字132个,如"華"简化为"华",含有这个偏旁的"嘩、樺、曄"等都可以类推简化为"哗、桦、晔";此外,还有"讠、饣、纟、钅"等14个"简化偏旁"。第三表是应用第二表的简化字和简化偏旁类推出来的简化字,共 1753 个。《简化字总表》共收简化字 2235 个。2013 年 6 月 5 日国务院公布的《通用规范汉字表》又收录了"颒、镕、锺"等 226 个类推简化字。

简化字采用的简化方法主要包括以下几种:

1. 原形省略

就是减省繁体字中的一部分,只留下代表这个字特征或轮廓的部分。例如:

(1) 删除大半:醫→医　習→习　滅→灭
(2) 删除一半:號→号　雲→云　隸→隶
(3) 删除小部分:婦→妇　孫→孙　霧→雾
(4) 保留轮廓:廣→广　齒→齿　瘧→疟
(5) 删除部分后略有变形:愛→爱　傘→伞　穩→稳

2. 更换偏旁

(1) 更换声旁:艦→舰　憶→忆　撲→扑
(2) 更换形旁:颳→刮　骯→肮　願→愿
(3) 换用简单的符号:僅→仅　戲→戏　趙→赵　區→区

3. 整字替换

(1) 换用形体简单的会意字:體→体　竈→灶　雙→双
(2) 换用形体简单的形声字:響→响　驚→惊　護→护
(3) 用形体简单的同音或近音字替代:穀→谷　鬥→斗　葉→叶
(4) 草书楷化:書→书　爲→为　長→长

(二) 精简字数

精简字数主要包括整理异体字、更改生僻地名用字、统一计量单位名称。

1. 整理异体字

异体字是音义相同而形体不同的字,如"够(夠)、略(畧)、耻(恥)、冰(氷)"。异体字的大量使用会增加人们不必要的负担,需要加以整理。

1955 年,文化部和文改会联合发布了《第一批异体字整理表》,对

810组异体字进行整理，每组选定一个作为规范字。该表颁布后曾作过一些调整。2013年国务院公布的《通用规范汉字表》吸收了相关成果，确认"阪、凋、雠"等26个原调整的异体字为规范字，并新调整"昇、猋、皙"等45个异体字为规范字。

整理异体字的主要原则是从俗、从简和布局合理。从俗，就是选通用的，废除生僻的，如"同（仝）、因（囙）"。从简，就是在通用的前提下，尽量选笔画少的，如"瓮（甕）、岳（嶽）"。选用布局合理的，如"略（畧）、峰（峯）"。

2. 更改县级以上地名生僻字

从1956年到1964年，经国务院批准，公布了用同音字替代县级以上地名中的生僻字34个。如陕西的盩厔县、郃阳县分别改为周至县、合阳县，新疆的和阗县改为和田县等。

3. 统一计量单位用字

1977年，文改会和国家标准计量局发出《关于部分计量单位名称统一用字的通知》，淘汰了一些计量单位名称中使用的复音字和生僻字。如废除表示长度的"浬""吋"，改称"海里""英寸"；废除表示面积的"畞"，改称"英亩"等。

（三）整理字形

汉字的印刷体最常用的是宋体和楷体两种，但印刷字体内部存在着字形不统一的问题。为了解决这些问题，1965年的《印刷通用汉字字形表》、1988年的《现代汉语通用字表》和2013年的《通用规范汉字表》都明确规定了每个字的字形标准和每个字的笔画数、笔顺、结构方式和笔形次序，使绝大多数宋体与楷体的字形趋于一致，印刷体和手写楷书也基本一致。这样，汉字的结构更加整齐、匀称、美观。

二、汉字的标准化

汉字的标准化包括定量、定形、定音、定序四个方面，简称"四定"。

（一）定量

定量，就是规定现代汉语用字的数量，包括常用汉字、通用汉字以及各类专业用字的数量。

汉字的总数十分庞大,但实际上通用的汉字却是有限的。2013年国务院公布的《通用规范汉字表》收字8105个,这可以看作是现代汉语通用汉字的数量;该表中的"一级字表"收字3500个,这是常用汉字的数量。

(二) 定形

定形,就是规定现代汉语用字的标准字形。《第一批异体字整理表》《简化字总表》《印刷通用汉字字形表》《通用规范汉字表》等字表的公布,为汉字的定形工作打下了较好的基础。

汉字定形的主要工作,一是进一步整理异体字,二是整理异形词。异形词是指同音、同义而书写形式不同的词语,如"笔画—笔划、人才—人材、倒霉—倒楣"等。2001年,教育部和国家语委发布的《第一批异形词整理表》,整理了异形词338组。

(三) 定音

定音,就是规定现代汉语用字的标准读音。现代汉语用字的读音是以北京语音为标准的,需要定音的主要是异读词的字音。1985年,国家语委、国家教育委员会、广播电视部联合发布了《普通话异读词审音表》。该表的公布,使常见的异读词的读音有了明确的标准。除此之外,汉字定音的工作还包括审订人名、地名用字的异读和一些多音多义字的读音等。

(四) 定序

定序,就是规定现代汉语用字的排列顺序。有一个按一定标准排列的固定次序,对工具书的编写、计算机字库的编制、人名的排列等都有重要意义。

汉字的排序有形序法、音序法和义序法三种。现在多用形序法和音序法,义序法一般不用了。

形序法是按照字形排列字的顺序,主要可分为部首法、笔画法和号码法三种。部首法按部首编排汉字。同部首的字,一般又按笔画数和笔形顺序排列。笔画法是根据笔画数和笔形的横、竖、撇、点、折的顺序来编排。如果笔画数和第一笔的笔形都相同,就按照第二笔的笔形顺序排列,以此类推。号码法按根据字形确定的号码编排汉字,常见的是四角号码法。

音序法是按照字音排列字的顺序。现在的音序法一般按汉语拼音字母的顺序排列,《新华字典》《现代汉语词典》的正文就是采用这样的办法排列的。汉字同音字比较多,相同音节的字往往采用笔画法作为辅助。

复习与练习(五)

一、复习题

1. 汉字的整理主要包括哪几个方面的内容?
2. 简化汉字采用的方法主要有哪几种?
3. 汉字整理中精简字数主要有哪些途径?
4. 什么是异体字?整理异体字应该遵循什么原则?
5. 汉字标准化包括哪些方面的内容?
6. 汉字的排列方法主要有哪几种?

二、练习题

1. 分析下列简化字分别采用了什么简化方法。

   门(門)　汉(漢)　声(聲)　窜(竄)
   笔(筆)　迟(遲)　卜(蔔)　风(風)
   洼(漥)　坝(壩)　导(導)　坟(墳)
   怀(懷)　亏(虧)　霉(黴)　盘(盤)

2. 指出下列各组异体字中哪一个是规范字,并说明为什么。

   遍徧　臕膘　冰氷　迹跡　翅翄
   耻恥　鉏耡锄　春旾　喆哲　年秊

3. 查阅《新华字典》《现代汉语词典》《汉语大字典》《汉语大词典》,看它们的索引和正文采用什么方法来编排。

【课程延伸内容】

正确使用汉字

《中华人民共和国国家通用语言文字法》规定:"国家推广普通话,推行规范汉字。"所谓规范汉字,是指国家有关部门以字表形式公布的、经过简化和整理的现行汉字。正确使用汉字就是要使用规范汉字,避免使用繁体字、已被废除的异体字,更要杜绝错别字。

正确使用汉字,主要包括写规范字和读标准音两个方面。

(一) 写规范字

规范字的形体,主要以国家正式公布的《简化字总表》《第一批异体字整理表》《现代汉语通用字表》《通用规范汉字表》等几个字表为标准。具体来说,要注意以下两点。

1. 掌握简化字和标准字形

要注意类推简化的范围。《简化字总表》第一表中的简化字,都不能作为简化偏旁来类推简化其他繁体字。如"習"简化为"习",但是不能以此类推,把"熠"字的右边也进行相应的简化。第一表中的繁体偏旁有的是单独简化的,就不能按照第二表的简化偏旁再来类推简化了,如"傷"在第一表中已经简化为"伤",就不能再按照第二表中"昜、腸"等简化为"场、肠"的规律再去类推简化了。此外,还要注意简化字的一般用法和特殊用法,如"乾净、乾燥"中的"乾(gān)"简化为"干",但"乾隆、乾坤"中的"乾(qián)"则不能简化。

标准字形就是《印刷通用汉字字形表》《现代汉语通用字表》规定的新印刷体,也就是现在书报上通用的规范印刷体字形。《现代汉语词典》《新华字典》等附有新旧字形对照表,表中的例字基本概括了印刷体新旧字形的调整情况。

2. 要注意汉字形体的细微差别,不写错别字

一些汉字形体上很接近,应该注意仔细分辨。如"戍戌""未末"等只有一个笔形不同或只有横笔长短不同,"戊戍""氏氐"等是后一个字比前一个字多一个笔画。"临监坚"和"师帅归"要注意竖和撇的差别,

"沛肺"和"柿闹"要注意"市"和"market"的差别,"盲瞠睑"和"肓膛脸"要注意"目"和"月(肉)"的差别。"沧伧舱苍"和"沦伦轮抡"要注意"仓"和"仑"的差别,"冻栋"和"练炼"要注意右边偏旁的细微差别,这种声旁差别细微的系列形声字,可以通过字音来帮助区分。

(二)读标准音

正确使用汉字,还包括读对字音。具体来说,应注意以下两点。

1. 注意形声字的读音

形声字声旁的表音状况比较复杂。有些形声字的读音跟声旁的读音一致,有些形声字的声旁只能提供一些语音线索,不能完全按照声旁来读,如"酗酒"的"酗"应该读作 xù 而不是 xiōng,"纤维"的"纤"应该读作 xiān 而不是 qiān,"娱乐"的"娱"应该读作 yú 而不是 wú。不能随意地根据声旁"读半边"。另外,还要注意一些形旁相近、声旁相同的形声字,这些字的形旁所占空间比声旁小,有时会导致误读,如"悼念"的"悼(dào)"误读为"掉(diào)","一抔净土"的"抔(póu)"误读为"杯(bēi)","赡养"的"赡(shàn)"误读为"瞻(zhān)"。

2. 注意多音多义字

一些汉字有两个或两个以上的读音和意义,如"长"有 cháng 和 zhǎng 两个读音,分别表示不同的意义。类似的字还有很多,如"得(dé 得到、de 说得好、děi 我得走了)""了(le 好了、liǎo 了解)""乐(lè 快乐、yuè 音乐)""传(chuán 传说、zhuàn 自传)""差(chā 差别、chà 差不多、chāi 出差、cī 参差)",等等。

使用多音多义字时,还要特别注意按照意思来确定读音,如"占卜"和"萝卜"中的"卜","安宁"和"宁可"中的"宁",都有不同读音。此外,有些字用作地名、姓氏时有特殊的读音,如"番"字一般读 fān,但地名"番禺"的"番"读 pān;"朴"字通常读作 pǔ,但用作姓氏时读作 piáo。

思考与讨论

想一想下列汉字可能会有哪些错误写法。

步 场 策 荒 茂 切 染
烧 吞 柔 武 迎 庄 纸

附录一　GB13000.1 字符集汉字折笔笔形表

折数	序号	名称		笔形	例字
		全称	简称（或俗称）		
1折	5.1	横折竖	横折	㇕(→)	**口** 见 达 舆 已 罗 马 丑 贯 / **敢** 為
	5.2	横折撇	横撇	㇇(→)	**又** 祭 之 社 登 卵 / **令** 了
	5.3	横钩		㇖	**买** 宝 皮 饭
	5.4	竖折横	竖折	㇗(㇗、㇗)	**山** 世 岵 / **母** 互 乐 / **发** 牙 降
	5.5	竖弯横	竖弯	㇄	**四** 西 朮
	5.6	竖折提	竖提	㇙	**长** 瓜 鼠 以 瓦 叫 收
	5.7	撇折横	撇折	㇜(㇜)	**公** 离 云 红 乡 亥 / **车** 东
	5.8	撇折点	撇点	㇛	**女** 巡
	5.9	撇钩		㇢	**〆**①
	5.10	弯竖钩	弯钩(俗称)	㇁	**犹** 家
	5.11	捺钩	斜钩(俗称)	㇂	**代** 戈
2折	5.12	横折竖折横	横折折	㇅	**凹** 卍
	5.13	横折竖弯横	横折弯	㇍	**朵**
	5.14	横折竖折提	横折提	㇊	**计** 颓 鸠
	5.15	横折竖钩	横折钩	㇆(㇆)	**同** 门 却 永 要 万 母 仓/**也**
	5.16	横折捺钩	横斜钩(俗称)	⺄	**飞** 风 执
	5.17	竖折横折竖	竖折折	㇞	**鼎** 卐 亞 吳
	5.18	竖折横折撇	竖折撇	ㄣ(ㄣ、㇉)	**专** / **奊** / **矢**
	5.19	竖弯横钩	竖弯钩	㇟	**己** 匕 电 心

① “〆”为日本专用汉字(《汉语大字典》和《中华字海》皆不收)，实际是“五”字的古文“㐅”的异写。

续表

折数	序号	名称 全称	名称 简称（或俗称）	笔形	例字
3折	5.20	横折竖折横折竖	横折折折	㇅	凸
	5.21	横折竖折横折撇	横折折撇	㇊	及 延
	5.22	横折竖弯横钩	横折弯钩	㇈(乙)	几 丸／艺 亿
	5.23	横折撇折弯竖钩	横撇弯钩（俗称）	㇌	阳 部
	5.24	竖折横折竖钩	竖折折钩	㇍(㇈)	马 与 钙／号 弓
4折	5.25	横折竖折横折竖钩	横折折折钩	㇋(㇈)	乃／杨

附录二　简化字总表(1986年版第一表、第二表)

第一表
不作简化偏旁用的简化字

本表共收简化字 350 个，按读音的拼音字母顺序排列。本表的简化字都不得作简化偏旁使用。

A	报［報］	蚕［蠶］	彻［徹］	处［處］	邓［鄧］
碍［礙］	币［幣］	灿［燦］	尘［塵］	触［觸］	敌［敵］
肮［骯］	毙［斃］	层［層］	衬［襯］	辞［辭］	涤［滌］
袄［襖］	标［標］	搀［攙］	称［稱］	聪［聰］	递［遞］
B	表［錶］	谗［讒］	惩［懲］	丛［叢］	点［點］
坝［壩］	别［彆］	馋［饞］	迟［遲］	**D**	淀［澱］
板［闆］	卜［蔔］	缠［纏］	冲［衝］	担［擔］	电［電］
办［辦］	补［補］	忏［懺］	丑［醜］	胆［膽］	冬［鼕］
帮［幫］	**C**	偿［償］	出［齣］	导［導］	斗［鬥］
宝［寶］	才［纔］	厂［廠］	础［礎］	灯［燈］	独［獨］

吨[噸]	观[觀]	艰[艱]	块[塊]	炉[爐]	Q
夺[奪]	柜[櫃]	歼[殲]	亏[虧]	陆[陸]	启[啓]
堕[墮]	**H**	茧[繭]	困[睏]	驴[驢]	签[籤]
E	汉[漢]	拣[揀]	**L**	乱[亂]	千[韆]
儿[兒]	号[號]	硷[鹼]	腊[臘]	**M**	牵[牽]
F	合[閤]	舰[艦]	蜡[蠟]	么[麽]	纤[縴]
矾[礬]	轰[轟]	姜[薑]	兰[蘭]	霉[黴]	[纖]
范[範]	后[後]	浆[漿]	拦[攔]	蒙[矇]	窍[竅]
飞[飛]	胡[鬍]	桨[槳]	栏[欄]	[濛]	窃[竊]
坟[墳]	壶[壺]	奖[奬]	烂[爛]	[懞]	寝[寢]
奋[奮]	沪[滬]	讲[講]	累[纍]	梦[夢]	庆[慶]
粪[糞]	护[護]	酱[醬]	垒[壘]	面[麵]	琼[瓊]
凤[鳳]	划[劃]	胶[膠]	类[類]	庙[廟]	秋[鞦]
肤[膚]	怀[懷]	阶[階]	里[裏]	灭[滅]	曲[麯]
妇[婦]	坏[壞]	疖[癤]	礼[禮]	蔑[衊]	权[權]
复[復]	欢[歡]	洁[潔]	隶[隸]	亩[畝]	劝[勸]
[複]	环[環]	借[藉]③	帘[簾]	**N**	确[確]
G	还[還]	仅[僅]	联[聯]	恼[惱]	**R**
盖[蓋]	回[迴]	惊[驚]	怜[憐]	脑[腦]	让[讓]
干[乾]①	伙[夥]②	竞[競]	炼[煉]	拟[擬]	扰[擾]
[幹]	获[獲]	旧[舊]	练[練]	酿[釀]	热[熱]
赶[趕]	[穫]	剧[劇]	粮[糧]	疟[瘧]	认[認]
个[個]	**J**	据[據]	疗[療]	**P**	**S**
巩[鞏]	击[擊]	惧[懼]	辽[遼]	盘[盤]	洒[灑]
沟[溝]	鸡[鷄]	卷[捲]	了[瞭]④	辟[闢]	伞[傘]
构[構]	积[積]	**K**	猎[獵]	苹[蘋]	丧[喪]
购[購]	极[極]	开[開]	临[臨]	凭[憑]	扫[掃]
谷[穀]	际[際]	克[剋]	邻[鄰]	扑[撲]	涩[澀]
顾[顧]	继[繼]	垦[墾]	岭[嶺]⑤	仆[僕]	晒[曬]
刮[颳]	家[傢]	恳[懇]	庐[廬]	朴[樸]	伤[傷]
关[關]	价[價]	夸[誇]	芦[蘆]		舍[捨]

---

① 乾坤、乾隆的乾读 qián(前),不简化。
② 作多解的夥不简化。
③ 藉口、凭藉的藉简化作借,慰藉、狼藉等的藉仍用藉。
④ 瞭:读 liǎo(了解)时,仍简作了,读 liào(瞭望)时作瞭,不简作了。
⑤ 岭:不作岭,免与岑混。

沈[瀋]	叹[嘆]	系[係]	养[養]	园[園]	只[隻]
声[聲]	誊[謄]	[繫]	痒[癢]	远[遠]	[祇]
胜[勝]	体[體]	戏[戲]	样[樣]	愿[願]	致[緻]
湿[濕]	粜[糶]	虾[蝦]	钥[鑰]	跃[躍]	制[製]
实[實]	铁[鐵]	吓[嚇]	药[藥]	运[運]	钟[鐘]
适[適]	听[聽]	咸[鹹]	爷[爺]	酝[醖]	[鍾]
势[勢]	厅[廳]	显[顯]	叶[葉]	**Z**	肿[腫]
兽[獸]	头[頭]	宪[憲]	医[醫]	杂[雜]	种[種]
书[書]	图[圖]	县[縣]	亿[億]	赃[臟]	众[衆]
术[術]	涂[塗]	响[響]	忆[憶]	脏[臟]	昼[晝]
树[樹]	团[團]	向[嚮]	应[應]	[髒]	朱[硃]
帅[帥]	[糰]	协[協]	痈[癰]	凿[鑿]	烛[燭]
松[鬆]	椭[橢]	胁[脅]	拥[擁]	枣[棗]	筑[築]
苏[蘇]	**W**	亵[褻]	佣[傭]	灶[竈]	庄[莊]
[嚕]	洼[窪]	衅[釁]	踊[踴]	斋[齋]	桩[樁]
虽[雖]	袜[襪]	兴[興]	忧[憂]	毡[氈]	妆[妝]
随[隨]	网[網]	须[鬚]	优[優]	战[戰]	装[裝]
T	卫[衛]	悬[懸]	邮[郵]	赵[趙]	壮[壯]
台[臺]	稳[穩]	选[選]	余[餘]	折[摺]	状[狀]
[檯]	务[務]	旋[鏇]	御[禦]	这[這]	准[準]
[颱]	雾[霧]	**Y**	吁[籲]	征[徵]①	浊[濁]
态[態]	**X**	压[壓]	郁[鬱]	症[癥]	总[總]
坛[壇]	牺[犧]	盐[鹽]	誉[譽]	证[證]	钻[鑽]
[罎]	习[習]	阳[陽]	渊[淵]		

第二表
可作简化偏旁用的简化字和简化偏旁

本表共收简化字 132 个和简化偏旁 14 个。简化字按读音的拼音字母顺序排列,简化偏旁按笔数排列。

A	备[備]	边[邊]	仓[倉]	车[車]	从[從]
爱[愛]	贝[貝]	宾[賓]	产[產]	齿[齒]	窜[竄]
B	笔[筆]	**C**	长[長]	虫[蟲]	**D**
罢[罷]	毕[畢]	参[參]	尝[嘗]	刍[芻]	达[達]

---

① 宫商角徵羽的徵读 zhǐ(止),不简化。

带[帶]	画[畫]	[昏]	聂[聶]	孙[孫]	犹[猶]
单[單]	汇[匯]	丽[麗]	宁[寧]	**T**	鱼[魚]
当[當]	[彙]	两[兩]	农[農]	条[條]	与[與]
[噹]	会[會]	灵[靈]	**Q**	**W**	云[雲]
党[黨]	**J**	刘[劉]	齐[齊]	万[萬]	**Z**
东[東]	几[幾]	龙[龍]	岂[豈]	为[爲]	郑[鄭]
动[動]	夹[夾]	娄[婁]	气[氣]	韦[韋]	执[執]
断[斷]	戋[戔]	卢[盧]	迁[遷]	乌[烏]	质[質]
对[對]	监[監]	庐[廬]	佥[僉]	无[無]	专[專]
队[隊]	见[見]	卤[鹵]	乔[喬]	**X**	**简化偏旁**
E	荐[薦]	[滷]	亲[親]	献[獻]	讠[言]
尔[爾]	将[將]	录[錄]	穷[窮]	乡[鄉]	饣[食]
F	节[節]	虑[慮]	区[區]	写[寫]	汤[昜]
发[發]	尽[盡]	仑[侖]	**S**	寻[尋]	纟[糸]
[髮]	[儘]	罗[羅]	啬[嗇]	**Y**	収[臤]
丰[豐]	进[進]	**M**	杀[殺]	亚[亞]	坚[臤]
风[風]	举[舉]	马[馬]	审[審]	严[嚴]	监[臨]
G		买[買]	圣[聖]	厌[厭]	只[戠]
冈[岡]	**K**	卖[賣]	师[師]	尧[堯]	钅[金]
广[廣]	壳[殼]	麦[麥]	时[時]	业[業]	兴[興]
归[歸]	**L**	门[門]	寿[壽]	页[頁]	圣[睪]
龟[龜]	来[來]	黾[黽]	属[屬]	义[義]	至[巠]
国[國]	乐[樂]	**N**	双[雙]	艺[藝]	亦[䜌]
过[過]	离[離]	难[難]	肃[肅]	阴[陰]	呙[咼]
H	历[歷]	鸟[鳥]	岁[歲]	隐[隱]	
华[華]					

附 录

以下 39 个字是从《第一批异体字整理表》摘录出来的。这些字习惯被看作简化字,附此以便检查。括弧里的字是停止使用的异体字。

呆[獃騃]	雇[僱]	杰[傑]	厘[釐]	弃[棄]	凶[兇]
布[佈]	挂[掛]	巨[鉅]	麻[蔴]	升[陞昇]	绣[繡]
痴[癡]	哄[閧鬨]	昆[崑崙]	脉[脈]	笋[筍]	锈[鏽]
床[牀]	迹[跡蹟]	捆[綑]	猫[貓]	它[牠]	岩[巖]
唇[脣]	秸[稭]	泪[淚]	栖[棲]	席[蓆]	异[異]

第三章 文字 139

涌[湧]　　韵[韻]　　札[剳劄]　　占[佔]　　周[週]　　注[註]
岳[嶽]　　灾[災]　　扎[紮紥]

下列地名用字,因为生僻难认,已经国务院批准更改,录后以备检查。

黑龙江　铁骊县改铁力县　　瑷珲县改爱辉县
青　海　亹源回族自治县改门源回族自治县
新　疆　和阗专区改和田专区　和阗县改和田县　于阗县改于田县
　　　　婼羌县改若羌县
江　西　雩都县改于都县　　大庾县改大余县　　虔南县改全南县
　　　　新淦县改新干县　　新喻县改新余县　　鄱阳县改波阳县
　　　　寻邬县改寻乌县
广　西　鬱林县改玉林县
四　川　酆都县改丰都县　　石砫县改石柱县　　越嶲县改越西县
　　　　呷洛县改甘洛县
贵　州　婺川县改务川县　　鳛水县改习水县
陕　西　商雒专区改商洛专区　盩厔县改周至县　郿县改眉县
　　　　醴泉县改礼泉县　　郃阳县改合阳县　　鄠县改户县
　　　　雒南县改洛南县　　邠县改彬县　　　　鄜县改富县　　葭县改佳县
　　　　沔县改勉县　　　　栒邑县改旬邑县　　洵阳县改旬阳县
　　　　汧阳县改千阳县

附录三　常见的别字

本表按正字的音序排列;每一组左边的黑体字是正字,右边单独出现的是别字。

A	稗官野史　裨	刚愎自用　腹	脉搏微弱　膊
唉声叹气　哀	班门弄斧　搬	大有裨益　稗	赤膊上阵　搏
和蔼可亲　霭	略见一斑　般	金碧辉煌　壁	令人恐怖　布
安装机器　按	坂上走丸　板	遮天蔽日　避	按部就班　步
黯然销魂　暗	洋泾浜　　滨	原物璧还　壁	部署妥当　布
深文奥义　粤	自暴自弃　抱	针砭时弊　贬	三部曲　　步
B	并行不悖　背	明辨是非　辩	对簿公堂　薄
飞扬跋扈　拔	英雄辈出　倍	辩证法　　辨	C
纵横捭阖　俾	民生凋敝　蔽	舶来品　　泊	精彩人生　采
甘拜下风　败	奴颜婢膝　卑	博弈理论　搏	残酷无情　惨

惨无人道 残	重重叠叠 迭	贡献巨大 供	召之即来 既
酒中掺水 渗	鼎力相助 顶	待价而沽 估	土地贫瘠 脊
为虎作伥 帐	买椟还珠 犊	辜负好意 姑	不计其数 记
细水长流 常	欢度春节 渡	一鼓作气 股	模范事迹 绩
天崩地坼 折	横渡长江 度	明知故犯 固	既往不咎 即
瞋目叱之 嗔	咄咄逼人 拙	羽扇纶巾 伦	一如既往 继
相辅相成 承	堕落腐化 坠	灌输知识 贯	丰功伟绩 迹
计日程功 成	**E**	发扬光大 广	汗流浃背 夹
驰骋疆场 聘	惊愕万分 谔	性格粗犷 旷	戛然而止 嘎
鞭笞三百 苔	浑浑噩噩 恶	步入正轨 规	艰难困苦 坚
一张一弛 驰	偶尔 而	行踪诡秘 鬼	草菅人命 管
故作矜持 忮	**F**	阴谋诡计 鬼	缄口不言 箴
一筹莫展 愁	三番五次 翻	食不果腹 裹	挑肥拣瘦 捡
相形见绌 拙	翻云覆雨 反	**H**	挖墙脚 角
川流不息 穿	反复无常 翻	短小精悍 干	截长补短 接
戳穿阴谋 戮	年方二八 芳	貌合神离 和	直截了当 接
义不容辞 词	冷不防 妨	和盘托出 合	一诺千金 斤
刺刺不休 剌	妨碍交通 防	随声附和 合	情不自禁 尽
出类拔萃 粹	流言蜚语 飞	万事亨通 享	噤若寒蝉 惊
鞠躬尽瘁 粹	浪费金钱 废	哄堂大笑 轰	兢兢业业 竞
心力交瘁 悴	治丝益棼 纷	宽宏大量 洪	六根清净 静
精粹所在 萃	身份证 分	声音洪亮 宏	不胫而走 径
D	发愤图强 奋	侯门如海 候	事过境迁 景
严惩不贷 殆	认识肤浅 浮	惨绝人寰 环	赳赳武夫 纠
以逸待劳 代	入不敷出 付	涣然冰释 焕	针灸疗法 炙
披星戴月 带	原子辐射 幅	精神涣散 焕	笑容可掬 鞠
虎视眈眈 耽	破釜沉舟 斧	病入膏肓 盲	面面俱到 具
稍事耽搁 担	感人肺腑 府	荒谬绝伦 谎	前倨后恭 踞
殚精竭虑 惮	天翻地覆 复	富丽堂皇 黄	龙盘虎踞 据
肆无忌惮 弹	**G**	心灰意懒 恢	绝对服从 决
管理档案 挡	言简意赅 该	言谈诙谐 恢	性格倔强 崛
循规蹈矩 导	英雄气概 慨	融会贯通 汇	千钧一发 钓
中流砥柱 抵	金刚钻 钢	风雨如晦 海	工程竣工 峻
一语破的 敌	亘古未有 互	鱼鲜荤腥 晕	**K**
玷污清白 沾	巧夺天工 功	**J**	不卑不亢 坑
掉以轻心 调	卑躬屈膝 恭	迫不及待 急	热炕头 坑

第三章 文字

不落窠白巢　惨遭屠戮戳　扑朔迷离朴　潸然泪下潜
颗粒归仓棵　语无伦次论　风尘仆仆扑　赡养父母瞻
刻苦耐劳克　脉络分明胳　艰苦朴素扑　礼尚往来上
坑害好人吭　　　M　　　黄浦江埔　喜上眉梢捎
空前绝后恐　蛛丝马迹蚂　　　Q　　　稍纵即逝少
脍炙人口烩　无礼谩骂漫　出其不意奇　海市蜃楼唇
　　L　　　漫山遍野满　星罗棋布旗　谈笑风生声
味同嚼蜡腊　笑眯眯咪　水蒸气汽　人情世故事
心狠手辣棘　风靡一时糜　修葺一新茸　挑拨是非事
死皮赖脸癞　望风披靡糜　感情融洽恰　有恃无恐持
蓝天白云兰　萎靡不振糜　乔装打扮巧　手不释卷失
设计蓝本篮　哈密瓜蜜　一窍不通窃　首屈一指手
无耻谰言滥　甜言蜜语密　提纲挈领契　授予奖章受
陈词滥调烂　勉强答应免　顷刻之间倾　不辨菽麦黍
粗制滥造烂　明信片名　罄竹难书磬　军事部署暑
大多雷同类　碑帖临摹摩　卑躬屈膝曲　肆无忌惮肄
身体羸弱赢　墨守成规默　面面相觑去　雾凇松
变本加厉利　　　N　　　怙恶不悛俊　毛骨悚然耸
厉行节约励　自寻烦恼脑　入场券卷　到处传诵颂
利害得失厉　罪不及孥奴　却之不恭缺　追溯塑
史无前例列　强弩之末努　声名鹊起雀　鬼鬼祟祟崇
火中取栗粟　　　O　　　有待商榷确　　　T
风声鹤唳泪　金瓯无缺殴　　　R　　　活性炭碳
联袂出席连　打架斗殴欧　熙熙攘攘让　金榜题名提
军事训练炼　呕心沥血沤　当仁不让人　恬不知耻括
劳动锻炼练　无独有偶隅　壁立千仞刃　义愤填膺添
黄粱美梦梁　　　P　　　任劳任怨忍　铤而走险挺
这老两口俩　坚如磐石盘　矫揉造作柔　如火如荼茶
寥寥无几廖　如法炮制泡　含辛茹苦如　　　W
书写潦草了　纰漏百出批　耳濡目染儒　深为惋惜婉
一一列举例　披沙拣金批　孺子可教儒　枉费心机妄
浏览一遍流　嗜酒成癖僻　繁文缛节褥　置若罔闻往
流连忘返浏　平添凭　方枘圆凿柄　惟命是从唯
优待俘虏掳　心怀叵测巨　　　S　　　委靡不振痿
高官厚禄录　一抔黄土杯　歃血为盟插　甘冒不韪讳
庸庸碌碌录　前仆后继扑　煞费苦心杀　运筹帷幄握

从中**斡**旋	幹	**喧**宾夺主	宣	一望无**垠**	银	**蛰**伏	蜇
戍政变	戌	寒**暄**客套	喧	化学反**应**	映	计划**缜**密	慎
定期会**晤**	悟	**循**序渐进	寻	反**映**意见	应	举世**震**惊	振
X		**徇**私舞弊	寻	蜂**拥**而至	涌	仗义**执**言	直
条分缕**析**	拆	**Y**		**优**柔寡断	忧	出奇**制**胜	致
雨声**淅**沥	浙	雅俗共**赏**	鸦	怨天**尤**人	由	**制**高点	至
稀世之珍	惜	**揠**苗助长	偃	记忆**犹**新	尤	**掷**地有声	抛
声闻**遐**迩	暇	**湮**没不闻	淹	良**莠**不齐	秀	幼稚可笑	雅
洁白无**瑕**	暇	**敷**衍塞责	演	阿**谀**奉承	谀	莫**衷**一是	中
瑕瑜互见	暇	**偃**旗息鼓	揠	手头宽**裕**	余	摩肩接**踵**	踪
自顾不**暇**	退	**赝**品	膺	**逾**期作废	渝	捉襟见**肘**	青
举止安**详**	祥	**杳**无音信	遥	始终不**渝**	逾	高瞻远**瞩**	属
向往光明	想	专程**谒**见	竭	**元**气大伤	原	孤**注**一掷	柱
骁勇善战	饶	**贻**笑大方	遗	断壁颓**垣**	桓	一**炷**香	柱
通**宵**不眠	霄	不能自**已**	己	**缘**木求鱼	沿	梳**妆**打扮	装
报**销**车费	消	不可思**议**	义	世外桃**源**	园	招摇**撞**骗	装
九**霄**云外	宵	巍然**屹**立	圪	**Z**		呱呱**坠**地	堕
歪风**邪**气	斜	标新立**异**	意	销**赃**灭迹	脏	**缀**句成文	掇
胁从分子	协	**异**口同声	一	口干舌**燥**	躁	**惴**惴不安	揣
泄洪口	泻	苦心孤**诣**	旨	人言**啧**啧	责	真知**灼**见	卓
不**屑**一顾	宵	演**绎**归纳	译	读书**札**记	扎	**擢**发难数	捉
睡眼**惺**松	醒	一劳永**逸**	易	敲**诈**勒索	榨	**恣**意妄为	姿
休养生**息**	修	大学**肄**业	肆	改弦更**张**	章	恶意**诅**咒	咀
学识**修**养	休	绿树成**阴**	荫	通货膨**胀**	涨	编**纂**字典	篡
栩栩如生	诩	绿草如**茵**	荫	白内**障**	瘴	有所**遵**循	尊
一切就**绪**	序	万马齐**喑**	暗	动**辄**得咎	撤	**坐**月子	做

附录四　容易误读的字

下列词语黑体的字容易误读，右边两种读法中第一种正确，第二种错误。

	A							
				翁**媪**	ǎo	wēn	**悖**逆	bèi	bó
腌**臜**	āza	yānzàn			**B**		**蓓**蕾	bèilěi	péiléi
狭**隘**	ài	yì		沙家**浜**	bāng	bīn	**迸**发	bèng	bìng
凹**陷**	āo	wā		同**胞**	bāo	pāo	包**庇**	bì	bǐ

麻痹	bì	pì	凄怆	chuàng	cāng	鳜鱼	guì	jué
裨益	bì	pí	宽绰	chuò	zhuó	姓过	guō	guò
复辟	bì	pì	辍学	chuò	zhuì	**H**		
针砭	biān	fá	淙淙	cóng	zōng	哈达	hǎ	hā
濒临	bīn	pín	簇拥	cù	zú	憨厚	hān	gǎn
摒弃	bǐng	bìng	一蹴而就	cù	jiù	引吭	háng	kēng
吐蕃	bō	fān	璀璨	cuǐ	cuǐ	沆瀣	hàngxiè	kēngjiǔ
哺育	bǔ	pǔ	皴裂	cūn	jùn	巷道	hàng	xiàng
C			挫折	cuò	cuō	薅草	hāo	nòu
粗糙	cāo	cào	**D**			呵欠	hē	hā
参差	cēncī	cāncā	鞑靼	dá	dàn	回纥	hé	gē
岑寂	cén	qín	傣族	dǎi	tài	干涸	hé	gù
刹那	chà	shà	逮捕	dài	dì	一丘之貉	hé	háo
金钗	chāi	chā	追悼	dào	diào	恫吓	hè	xià
单于	chán	shàn	缔造	dì	tì	沟壑	hè	huò
谄媚	chǎn	chán	掂量	diān	diàn	华山	huà	huá
阐明	chǎn	shàn	玷污	diàn	zhān	姓华	huà	huá
忏悔	chàn	qiàn	胴体	dòng	tóng	徘徊	huái	huí
赔偿	cháng	shǎng	句读	dòu	dú	浣溪沙	huàn	wán
徜徉	cháng	shàng	咄咄	duō	chū	膏肓	huāng	máng
惆怅	chàng	zhàng	踱步	duó	dù	**J**		
郴州	chēn	bīn	**F**			畸形	jī	qí
宝琛	chēn	shēn	沸点	fèi	fú	给予	jǐ	gěi
嗔怒	chēn	zhēn	束缚	fù	fú	觊觎	jì	qí
乘客	chéng	chèng	**G**			雪茄	jiā	qié
惩罚	chéng	chěng	咖喱	gā	jiā	歼灭	jiān	qiān
驰骋	chěng	pìn	矸石	gān	qiān	缄默	jiān	zhēn
鞭笞	chī	tái	尴尬	gāngà	jiānjie	眼睑	jiǎn	liǎn
魑魅	chīmèi	líwèi	姓葛	gě	gé	僭越	jiàn	qián
豆豉	chǐ	zhī	佝偻	gōu	jù	耩地	jiǎng	gòu
整饬	chì	zhí	桎梏	gù	gào	发酵	jiào	xiào
炽热	chì	zhì	粗犷	guǎng	kuàng	攻讦	jié	jiān
憧憬	chōng	tóng	皈依	guī	fǎn	菁华	jīng	qīng
姓种	chóng	zhòng	日晷	guǐ	jiù	粳米	jīng	gěng
罢黜	chù	chuò	刽子手	guì	kuài	兢兢	jīng	jìng

抓阄	jiū	guī	冒顿	Mòdú	màodùn	解剖	pōu	pāo
狙击	jū	zǔ	脉脉	mò	mài	苗圃	pǔ	bǔ
拮据	jū	jù	仫佬族	mù	me	瀑布	pù	bào
龃龉	jǔyǔ	zǔwǔ	**N**			**Q**		
镌刻	juān	jùn	呶呶	náo	nú	蹊跷	qī	xī
咀嚼	jué	jiáo	泥淖	nào	zhào	菜畦	qí	kuí
K			木讷	nè	nà	小憩	qì	tián
鸟瞰	kàn	gǎn	气馁	něi	nuǐ	关卡	qiǎ	kǎ
可汗	kèhán	kěhàn	嫩芽	nèn	nùn	接洽	qià	xiá
铿锵	kēng	jiān	隐匿	nì	huò	悭吝	qiān	jiān
窥探	kuī	guī	酝酿	niàng	ràng	钤印	qián	jīn
喟然	kuì	wèi	鼻衄	nù	niǔ	掮客	qián	jiān
L			虐待	nüè	yuè	天堑	qiàn	zǎn
邋遢	lā	liè	怯懦	nuò	rú	嵌入	qiàn	kān
奶酪	lào	luò	**O**			憔悴	qiáo	jiāo
羸弱	léi	yíng	姓区	ōu	qū	地壳	qiào	ké
酹酒	lèi	lǚ	怄气	òu	qū	胆怯	qiè	què
踉跄	liàngqiàng		**P**			挈眷	qiè	jiè
		lángcāng	奇葩	pā	bā	惬意	qiè	xiá
尥蹶子	liào	bào	琵琶	pá/pa	ba	侵占	qīn	qín
转捩点	liè	lì	迫击炮	pǎi	pò	沁园春	qìn	xīn
仓廪	lǐn	bǐng	澎湃	pài	bài	引擎	qíng	jìng
贿赂	lù	luò	一爿	pán	bàn	亲家	qìng	qīn
摞起	luò	luǐ	蹒跚	pán	mǎn	龟兹	qiūcí	guīzī
M			河畔	pàn	bàn	姓仇	qiú	chóu
阴霾	mái	lí	姓逄	páng	jiàng	囚犯	qiú	xiú
埋怨	mán	mái	抨击	pēng	píng	酋长	qiú	yóu
联袂	mèi	jué	土坯	pī	pēi	姓瞿	qú	jú
愤懑	mèn	mǎn	披衣	pī	pēi	龋齿	qǔ	yǔ
靡靡	mǐ	fēi	媲美	pì	bǐ	小觑	qù	xù
分娩	miǎn	wǎn	骈文	pián	bìng	颧骨	quán	quàn
乜斜	miē	niè	胼胝	piánzhī	bìngdǐ	债券	quàn	juàn
黾勉	mǐn	guī	姓朴	piáo	pǔ	乐阕	què	kuí
荒谬	miù	niù	血泊	pō	bó	麇集	qún	jūn
万俟	Mòqí	wànsì	姓繁	pó	fán			

第三章　文字　145

	R			T		姓洗	xiǎn	xǐ
唱喏	rě	nuò	跶拉	tā	jí	骁勇	xiāo	yáo
姓任	rén	rèn	水獭	tǎ	lài	混淆	xiáo	yáo
稔知	rěn	niàn	鞭挞	tà	dǎ	叶韵	xié	ye
冗长	rǒng	chén	姓澹台	tán	dàn	挟持	xié	xiá
蚊蚋	ruì	nà	丝绦	tāo	tiáo	携手	xié	xí
	S		饕餮	tāotiè	hàozhěn	机械	xiè	jiè
缫丝	sāo	cáo	奸慝	tè	nì	姓解	xiè	jiě
森林	sēn	shēn	心疼	téng	tòng	省亲	xǐng	shěng
杉篙	shā	shān	倜傥	tìtǎng		星宿	xiù	sù
歃血	shà	chā			chóudǎng	长吁	xū	yū
姓单	shàn	dān	殄灭	tiǎn	zhěn	自诩	xǔ	yǔ
禅让	shàn	chán	腼腆	tiǎn	diǎn	畜养	xù	chù
赡养	shàn	zhān	迢迢	tiáo	zhāo	酗酒	xù	xiōng
鞭鞘	shāo	qiào	汀江	tīng	dīng	绚丽	xuàn	xún
折本	shé	zhé	荼毒	tú	chá	噱头	xué	jué
威慑	shè	niè	湍急	tuān	chuān	戏谑	xuè	nüè
妊娠	shēn	chén		W		防汛	xùn	xīn
厪楼	shèn	chén	藤蔓	wàn	màn	香蕈	xùn	tán
似的	shì	sì	圩堤	wéi	yú		Y	
教室	shì	shǐ	斡旋	wò	gàn	山崖	yá	ái
舐犊	shì	tiǎn	可恶	wù	è	殷红	yān	yīn
枢纽	shū	qū		X		阏氏	yānzhī	yūshì
洗涮	shuàn	shuā	膝盖	xī	qī	燕京	yān	yàn
游说	shuì	shuō	檄文	xí	jī	赝品	yàn	yīng
吮吸	shǔn	yún	畏葸	xǐ	sī	杳然	yǎo	miǎo
硕大	shuò	sháo	阋讼	xì	ní	舀子	yǎo	kuǎi
悚然	sǒng	shù	潟卤	xì	xiè	疟子	yào	nüè
嗾使	sǒu	zú	呷一口	xiā	jiǎ	钥匙	yàoshi	yuèchi
粟类	sù	lì	三峡	xiá	jiá	摇曳	yè	yì
塑料	sù	suò	狡黠	xiá	jié	呜咽	yè	yàn
鬼祟	suì	chǒng	纤细	xiān	qiān	拜谒	yè	hè
鹰隼	sǔn	zhǔn	翩跹	xiān	qiān	笑靥	yè	yàn
婆娑	suō	shā	涎水	xián	yán	游弋	yì	gē
			癫痫	xián	jiǎn	屹立	yì	qí

造**诣**	yì	zhǐ	暂时	zàn	zhàn	抵掌	zhǐ	dǐ
轶事	yì	shī	玄**奘**	zàng	zhuàng	针**黹**	zhǐ	fǔ
疆**场**	yì	chǎng	宝藏	zàng	cáng	对**峙**	zhì	shì
肄业	yì	sì	确**凿**	záo	zuò	登**陟**	zhì	shè
熠熠	yì	xí	姓**查**	zhā	chá	投**掷**	zhì	zhèng
堙塞	yīn	yān	**眨**眼	zhǎ	biǎn	胡**诌**	zhōu	zōu
喑哑	yīn	àn	栅栏	zhà	shān	**骤**雨	zhòu	zòu
无**垠**	yín	gěn	摘取	zhāi	zhé	**属**意	zhǔ	shǔ
郢都	yǐng	chéng	姓**翟**	zhái	dí	**伫**立	zhù	chú
拥护	yōng	yǒng	破**绽**	zhàn	dìng	贮藏	zhù	chǔ
邕江	yōng	hù	**蘸**水	zhàn	jiāo	**拽**过来	zhuài	yè
鸿**猷**	yóu	qiú	贬**谪**	zhé	zhāi	惴惴	zhuì	chuán
颁**畬**	yú	yí	波**磔**	zhé	jié	**谆**谆	zhūn	chén
老**妪**	yù	qū	坚**贞**	zhēn	zhēng	卓越	zhuó	zhuō
姓**尉**迟	yù	wèi	**砧**板	zhēn	zhàn	拔**擢**	zhuó	dí
鬼**蜮**	yù	huò	**鸩**毒	zhèn	chén	**髭**须	zī	cī
掾史	yuàn	chuán	**赈**灾	zhèn	shèn	渣**滓**	zǐ	zǎi
跃进	yuè	yào	拯救	zhěng	chéng	油**渍**	zì	zé
	Z		**跖**骨	zhí	shí	倥**偬**	zǒng	cōng
崽子	zǎi	sī						

附录五 第一批异形词整理表[①]

（2002年3月31日起试行）

A	斑驳—班驳	毕恭毕敬—必恭必敬
按捺—按纳	孢子—胞子	编者按—编者案
按语—案语	保镖—保镳	扁豆—萹豆、稨豆、藊豆
B	保姆—保母、褓姆	标志—标识
百废俱兴—百废具兴	辈分—辈份	鬓角—鬓脚
百叶窗—百页窗	本分—本份	秉承—禀承
斑白—班白、颁白	笔画—笔划	补丁—补靪、补钉

[①] 每组异形词，连接号前为推荐词形。

第三章 文字

C

参与—参预
惨淡—惨澹
差池—差迟
掺和—搀和
掺假—搀假
掺杂—搀杂
铲除—划除
徜徉—倘佯
车厢—车箱
彻底—澈底
沉思—沈思
称心—趁心
成分—成份
澄澈—澄彻
侈靡—侈糜
筹划—筹画
筹码—筹马
踌躇—踌蹰
出谋划策—出谋画策
喘吁吁—喘嘘嘘
瓷器—磁器
赐予—赐与
粗鲁—粗卤

D

搭档—搭当、搭挡
搭讪—搭赸、答讪
答复—答覆
戴孝—带孝
担心—耽心
担忧—耽忧
耽搁—担搁
淡泊—澹泊
淡然—澹然
倒霉—倒楣
低回—低徊

凋敝—雕敝、雕弊
凋零—雕零
凋落—雕落
凋谢—雕谢
跌宕—跌荡
跌跤—跌交
喋血—蹀血
叮咛—丁宁
订单—定单
订户—定户
订婚—定婚
订货—定货
订阅—定阅
斗拱—科拱、枓栱
逗留—逗遛
逗趣儿—斗趣儿
独角戏—独脚戏
端午—端五

E

二黄—二簧
二心—贰心

F

发酵—酦酵
发人深省—发人深醒
繁衍—蕃衍
吩咐—分付
分量—份量
分内—份内
分外—份外
分子—份子
愤愤—忿忿
丰富多彩—丰富多采
风瘫—疯瘫
疯癫—疯颠
锋芒—锋铓
服侍—伏侍、服事

服输—伏输
服罪—伏罪
负隅顽抗—负嵎顽抗
附会—傅会
复信—覆信
覆辙—复辙

G

干预—干与
告诫—告戒
耿直—梗直、鲠直
恭维—恭惟
勾画—勾划
勾连—勾联
孤苦伶仃—孤苦零丁
辜负—孤负
古董—骨董
股份—股分
骨瘦如柴—骨瘦如豺
关联—关连
光彩—光采
归根结底—归根结柢
规诫—规戒
鬼哭狼嚎—鬼哭狼嗥
过分—过份

H

蛤蟆—虾蟆
含糊—含胡
含蓄—涵蓄
寒碜—寒伧
喝彩—喝采
喝倒彩—喝倒采
轰动—哄动
弘扬—宏扬
红彤彤—红通通
宏论—弘论
宏图—弘图、鸿图

宏愿—弘愿
宏旨—弘旨
洪福—鸿福
狐臭—胡臭
蝴蝶—胡蝶
糊涂—胡涂
琥珀—虎魄
花招—花着
划拳—豁拳、搳拳
恍惚—恍忽
辉映—晖映
溃脓—殨脓
浑水摸鱼—混水摸鱼
伙伴—火伴

J

机灵—机伶
激愤—激忿
计划—计画
纪念—记念
寄予—寄与
夹克—茄克
嘉宾—佳宾
驾驭—驾御
架势—架式
嫁妆—嫁装
简练—简炼
骄奢淫逸—骄奢淫佚
角门—脚门
狡猾—狡滑
脚跟—脚根
叫花子—叫化子
精彩—精采
纠合—鸠合
纠集—鸠集
就座—就坐
角色—脚色

K

克期—刻期
克日—刻日
刻画—刻划
阔佬—阔老

L

褴褛—蓝缕
烂漫—烂缦、烂熳
狼藉—狼籍
榔头—狼头、鎯头
累赘—累坠
黧黑—黎黑
连贯—联贯
连接—联接
连绵—联绵
连缀—联缀
联结—连结
联袂—连袂
联翩—连翩
踉跄—踉蹡
嘹亮—嘹喨
缭乱—撩乱
伶仃—零丁
囹圄—囹圉
溜达—蹓跶
流连—留连
喽啰—喽罗、偻儸
鲁莽—卤莽
录像—录象、录相
络腮胡子—落腮胡子
落寞—落漠、落莫

M

麻痹—痳痹
麻风—痳风
麻疹—痳疹
马蜂—蚂蜂

马虎—马糊
门槛—门坎
靡费—糜费
绵连—绵联
腼腆—靦觍
模仿—摹仿
模糊—模胡
模拟—摹拟
摹写—模写
摩擦—磨擦
摩拳擦掌—磨拳擦掌
磨难—魔难
脉脉—眽眽
谋划—谋画

N

那么—那末
内讧—内哄
凝练—凝炼
牛仔裤—牛崽裤
纽扣—钮扣

P

扒手—掱手
盘根错节—蟠根错节
盘踞—盘据、蟠踞、蟠据
盘曲—蟠曲
盘陀—盘陁
磐石—盘石、蟠石
蹒跚—盘跚
彷徨—旁皇
披星戴月—披星带月
疲沓—疲塌
漂泊—飘泊
漂流—飘流
飘零—漂零
飘摇—飘飖
凭空—平空

第三章 文字

Q
牵连—牵联
憔悴—蕉萃
清澈—清彻
情愫—情素
拳拳—惓惓
劝诫—劝戒

R
热乎乎—热呼呼
热乎—热呼
热衷—热中
人才—人材
日食—日蚀
入座—入坐

S
色彩—色采
杀一儆百—杀一警百
鲨鱼—沙鱼
山楂—山查
舢板—舢舨
艄公—梢公
奢靡—奢糜
申雪—伸雪
神采—神彩
湿漉漉—湿渌渌
什锦—十锦
收服—收伏
首座—首坐
书简—书柬
双簧—双锽
思维—思惟
死心塌地—死心蹋地

T
踏实—塌实
甜菜—菾菜
铤而走险—挺而走险

透彻—透澈
图像—图象
推诿—推委

W
玩意儿—玩艺儿
魍魉—蜩蛃
诿过—委过
乌七八糟—污七八糟
无动于衷—无动于中
毋宁—无宁
毋庸—无庸
五彩缤纷—五采缤纷
五劳七伤—五痨七伤

X
息肉—瘜肉
稀罕—希罕
稀奇—希奇
稀少—希少
稀世—希世
稀有—希有
翕动—噏动
洗练—洗炼
贤惠—贤慧
香醇—香纯
香菇—香菰
相貌—像貌
潇洒—萧洒
小题大做—小题大作
卸载—卸傤
信口开河—信口开合
惺松—惺忪
秀外慧中—秀外惠中
序文—叙文
序言—叙言
训诫—训戒

Y
压服—压伏
押韵—压韵
鸦片—雅片
扬琴—洋琴
要么—要末
夜宵—夜消
一锤定音—一槌定音
一股脑儿—一古脑儿
衣襟—衣衿
衣着—衣著
义无反顾—义无返顾
淫雨—霪雨
盈余—赢余
影像—影象
余晖—余辉
渔具—鱼具
渔网—鱼网
与会—预会
与闻—预闻
驭手—御手
预备—豫备
原来—元来
原煤—元煤
原原本本—源源本本、元元本本
缘故—原故
缘由—原由
月食—月蚀
月牙—月芽
芸豆—云豆

Z
杂沓—杂遝
再接再厉—再接再砺
崭新—斩新
辗转—展转

战栗—颤栗
账本—帐本
折中—折衷
这么—这末
正经八百—正经八摆
芝麻—脂麻

肢解—支解、枝解
直截了当—直捷了当、直接了当
指手画脚—指手划脚
周济—賙济
转悠—转游

装潢—装璜
孜孜—孳孳
姿势—姿式
仔细—子细
自个儿—自各儿
佐证—左证

第四章　词汇

第一节　词汇概说

一、什么是词汇

词汇又称语汇,是一种语言里(或特定范围的)所有的词和固定短语的总和。如汉语词汇、法语词汇或一般词汇、基本词汇、口语词汇、方言词汇等;还可指某一个人或某一作品所用的词和固定短语的总和,如"曹雪芹的词汇""《红楼梦》的词汇"等。词汇是众多词语的汇集,词汇和词的关系是集体和个体的关系。

词汇反映着社会发展和语言发展的状况,也标志着人们对整个世界认识的水平。就一种语言来讲,它的词汇越丰富,语言的表现力也就越强。就个人来讲,词汇量越大,就越能确切地表达思想。

积累词汇主要有三种途径:一是多听,在现实语言生活中有意识地吸收词汇;二是多读,阅读古今中外各种类型的作品,从中汲取词汇;三是多用,加强写作和口头训练,有意识地运用各类词汇。

二、词汇单位

(一) 语素

语素是语言中最小的音义结合体。如"笔"是一个语素,它的语音形式是 bǐ,它的语义内容是"写字画图的用具"。"蟋"和"蟀"不是语素,它们只有语音形式 xī 和 shuài,没有语义内容,只有两者结合在一起才有意义,构成"蟋蟀"一个语素。"蝴蝶"中的"蝶"既有语音形式,也有语义内容,是语素;而"蝴"只有语音形式,没有语义内容,不是语素,只有跟"蝶"组合在一起才有意义,所以"蝴蝶"整个也是一个语素。

"月色"中的"月"和"色"都既有语音形式,也有语义内容,它们各是一个语素。同样的,"运动鞋"中的"运""动""鞋"都分别是一个语素。

语素可以从不同的角度来分类。根据音节的多少,语素可以分为单音节语素、双音节语素和多音节语素三种。只有一个音节的语素,叫单音节语素,如"天、人、山、看、从、呢"。在汉语语素中,单音节语素占绝对优势,是汉语语素的基本形式。具有两个音节的语素,叫双音节语素,如"蹉跎、葡萄、坎坷、吩咐、参差"。具有三个或三个以上音节的语素,叫多音节语素,如"吐鲁番、威士忌、迪斯尼、奥林匹克"。双音节语素有一部分是从别的语言中借用来的,多音节语素大多是从别的语言中借用来的。这些由两个以上音节构成的语素,它们的语义内容只有一个,如"巧克力"是三个音节表达一个语义内容。

按构词能力,语素可以分为成词语素和不成词语素两种。能独立成词的语素是成词语素,如"人、牛、听、看、红、甜"。不能独立成词的语素是不成词语素,如"民、农、仆、阿、然、者"。现代汉语的许多不成词语素,如"语言、耳目"中的"语、言、耳、目",在古代汉语里是可以独立成词的,发展到今天只能作为语素。

按构词时位置是否固定,语素可以分为不定位语素和定位语素两种。不定位语素是指跟别的语素组合成词时位置不固定的语素,如"机(飞机、机关)、习(习惯、学习)"。定位语素是指跟别的语素组合时位置比较固定的语素,如"第(第一、第三)、们(我们、咱们)"。

有些语素是词的主要组成部分,是词义的基础,叫作词根。如"观察"里的"观"和"察","桌子"里的"桌"。附加在词根上的构词成分叫作词缀,常见的有前缀和后缀两种。位于词根前头的叫前缀,如"老(老师、老虎)、阿(阿姨、阿婆)",位于词根后头的叫后缀,如"子(瓶子、胖子)、头(看头、石头)"。

(二) 词

词由语素构成,是语言中能够独立运用的最小的音义结合体。

"独立运用"是指能够单独成句或单独起语法作用。如"老师辛苦了","老师""辛苦"能分别单独成句,是词;剩下的"了"虽不能单独成句,但能单独起语法作用,也是词。

"最小的"是说词是不能扩展的,即在词中间一般不能再插入别的成分,即使两个成词语素组成的词也不能分开,如"黄河、黄瓜、黄花鱼"不能扩展为"黄的河、黄的瓜、黄的花鱼"。能够扩展的就不是词,是短语。如"黄鞋、黄布、黄衬衫"可以扩展为"黄的鞋、黄的布、黄的衬衫",是短语。短语是由词逐层组合而成的。短语可以单独成句,也可以单独起语法作用,但是跟词不一样的是,它不是"最小的"能够独立运用的单位。

有一类词的情况比较特殊,如"洗澡、鞠躬、提高、说服"是一个词,但在一定条件下,可以扩展成"洗个热水澡、鞠了一躬、提得高、说不服",扩展后的是短语。这就是所谓的"离合词"。离合词的存在说明词和短语之间的界限有一定的模糊性。

(三) 固定短语

一般的短语,是根据交际的需要,由两个或两个以上的词临时组合而成的,这种短语叫作自由短语。还有一种短语,其中的**词和词序不能随意改变,这种固化的短语叫作固定短语**。自由短语不是词汇的组成部分,固定短语则是构成词汇的重要部分。固定短语可分为专名(专有名称)和熟语两类。

专名以机构、组织的名称最为常见,如"亚洲基础设施投资银行""北京大学出版社""中山大学"等。活动和会议的名称,也可以看作专名,如"国际龙舟邀请赛""现代汉语研讨会"等。自由短语一旦用作书名、文章名、影视片名,就变成了专名,如《消失的地平线》《秋菊打官司》等。

熟语主要包括成语(如"虎头蛇尾")、惯用语(如"碰钉子")、歇后语(如"黄鼠狼给鸡拜年——没安好心")、谚语(如"瑞雪兆丰年")等。

固定短语具有固定结构和整体意义,作用相当于一个词。

(四) 缩略语

缩略语是语言中经过压缩和省略而成的词语。为了称说简便,人们把形式较长的名称或习用的短语缩短简化,成为缩略语。缩略语可分为两类。

1. 简称

简称是相对全称而言的。简称大都选取全称中有代表性的语素或词构成,主要有下列几种方式。

(1) 前后两个词均取前一个语素或后一个语素。例如:

环境保护——环保　　电影明星——影星

(2) 前一个词取前一个语素,后一个词取后一个语素。例如:

华人后裔——华裔　　军人家属——军属

(3) 省略前半或后半部分。例如:

中国人民解放军——解放军　　清华大学——清华

(4) 省略并列的几个词中相同的语素。例如:

青年、少年——青少年　　离休、退休——离退休

(5) 包含音译词的名称可以只取音译词的头一个音节(字)。例如:

呼和浩特市——呼市　　加利福尼亚州——加州

(6) 综合使用以上缩略方法。例如:

联合国维持和平部队——维和部队　世界卫生组织——世卫

简称本是全称的临时替代,在正式场合一般要用全称。但有些简称经过长期使用,转化为一般的词,全称反而少用了,如"节能"(节约能源)、"家电"(家用电器)、"公关"(公共关系)等。

现代汉语中也有一些拼音字母的简称,如"HSK(汉语水平考试)""GB(国家标准)"等。有的外来词简称字母后可以加上汉语语素,如"pH 值(potentiel d'hydrogène 的缩写,氢离子浓度指数)""IC 卡(integrated circuit card,集成电路卡)"等,这两种都叫字母词。

2. 数词缩略语

有些联合结构,选择其中各项的共同成分加上所包含的项数,构成数词缩略语。例如:

物质文明、精神文明——两个文明

海军、陆军、空军——三军

还有一些是由列举的项数加上集体的属性构成的。例如：

《大学》《中庸》《论语》《孟子》——四书

稻、黍、稷、麦、豆——五谷

复习与练习（一）

一、复习题

1. 什么是语素？语素可从哪些角度分类？
2. 什么是词？词跟语素、短语怎样区分？
3. 什么是固定短语？主要有哪些类型？
4. 什么是缩略语？有哪些缩略方式？

二、练习题

1. "你文章中的这个词汇很难理解，还是换个词汇吧。"这句话对不对？为什么？
2. 分别指出下列哪些是成词语素，哪些是不成词语素。

　　学　习　文　字　劳　动　告　诉　飞　翔

3. 分别指出下面哪些是词，哪些是短语。

　　白纸　执笔　努力　芭蕾舞　骑马　动静　热心　拿上

4. 写出下列缩略语的全称。

　　人大　五官　安理会　世贸　动漫　中文系　四面
　　八方　高校　奥运会　四大发明

第二节　词的结构

词都是由语素构成的。由一个语素构成的词，叫单纯词。由两个或两个以上的语素构成的词，叫合成词。

(一) 单纯词

单音节的单纯词如"河、她、走、才、在"。双音节和多音节的单纯词,数量较少,主要有三类。

1. 联绵词

由两个音节连缀成义而不能拆开的词。其中包含双声、叠韵、非双声叠韵三种。

(1) 双声　指两个音节声母相同的联绵词。例如:

犹豫　拮据　仿佛　慷慨　踌躇

(2) 叠韵　指两个音节韵母相同或相近的联绵词。例如:

蹒跚　灿烂　徘徊　窈窕　缥缈

(3) 非双声叠韵　指两个音节声母、韵母都不相同或不相近的联绵词。例如:

妯娌　囫囵　玛瑙　滂沱　芙蓉

2. 叠音词

由同一音节重叠而成的词,重叠后的音节是一个语素。例如:

蝈蝈　潺潺　茫茫　孜孜　饽饽

3. 音译外来词

用汉字译写外来读音的词。例如:

葡萄　袈裟　香槟　引擎　三明治　奥林匹克

(二) 合成词

合成词有复合式、重叠式、附加式三种构成方式。

1. 复合式

由至少两个不同的词根组合而成,是现代汉语最重要的构词方式。从词根和词根之间的关系看,主要有五种类型。

(1) 联合型　由两个意义相同相近、相关或相反的词根并列组合而成。

A. 意义相同、相近。例如：

珍宝　喜悦　黑暗　稍微　人民　伟大　美丽　生产

B. 意义相关。例如：

领袖　手足　脸面　春秋　分寸　冷淡　弱小　眉目

C. 意义相反。例如：

开关　呼吸　早晚　生死　出纳　始终　动静　兴亡

有一些联合型合成词形式上可以分别划归以上三类，但从意义上看，它们都属于两义并列，一义消失，也可视为单独的一类。例如：

人物　妻子　忘记　窗户　国家　睡觉　质量

(2) 偏正型　前一词根修饰、限制后一词根。

A. 定中关系。例如：

红茶　白菜　谎言　圆桌　绿豆

B. 状中关系。例如：

火热　金黄　公演　广播　筛选

(3) 补充型　后一词根补充说明前一词根。

A. 动作和结果关系。例如：

说明　推翻　延长　扩大　纠正

B. 动作和趋向关系。例如：

撤回　纳入　返回　下去　起来

(4) 动宾型　前一词根表示动作、行为，后一词根表示动作、行为所支配关涉的对象。例如：

知己　管家　领事　将军　围脖　吹牛　聊天　促销　理发　丢脸

(5) 主谓型　前一词根表示被陈述的对象，后一词根是陈述前一词根的。例如：

地震　海啸　心酸　胆怯　眼花　月亮　性急　日食　自卫　胆大

除了以上五种类型以外,还有一些比较特殊的类型,比如两个词根是事物和计量单位关系的,如"纸张、信件"等;前后两个词根是连动关系的,如"退休、报考"等。

2. 重叠式

由相同的词根重叠构成,两个词根是两个语素。例如:

叔叔　谢谢　常常　仅仅　刚刚

3. 附加式

由词根和词缀构成。这种构词法又称派生法。附加式构词主要包含两种类型。

(1)前加型(前缀＋词根)　现代汉语的前缀主要有"老""阿""第""初""可"等。

老虎　老婆　阿姨　阿Q　第一　第三　初二　初五　可亲　可爱

(2)后加型(词根＋后缀)　现代汉语的后缀比前缀丰富,主要有"子""儿""头""化""者""性""家""巴"等。例如:

棍子　胖子　头儿　把儿　石头　看头　绿化　简化
长者　读者　弹性　艺术性　冤家　亲家　尾巴　泥巴

此外,还有一种由词根加叠音后缀组成的附加式。例如:

笑嘻嘻　气冲冲　胖乎乎　下巴巴
香喷喷　臭烘烘　沉甸甸　轻飘飘

现代汉语词汇中,由两个语素组合成的词占绝大多数,也有三个或三个以上语素构成的词,这时词的内部构成可以不止一个层次,如"地动仪","地动"修饰"仪",偏正型;"地动"是主谓型。"有轨电车","有轨"修饰"电车",偏正型;"有轨"是动宾型,"电车"是偏正型。如图:

```
地 动 仪       有 轨 电 车
|偏||正|       |偏| |正|
|主|谓|        |动|宾||偏|正|
```

词的结构类型如下所示:

词的结构类型简表

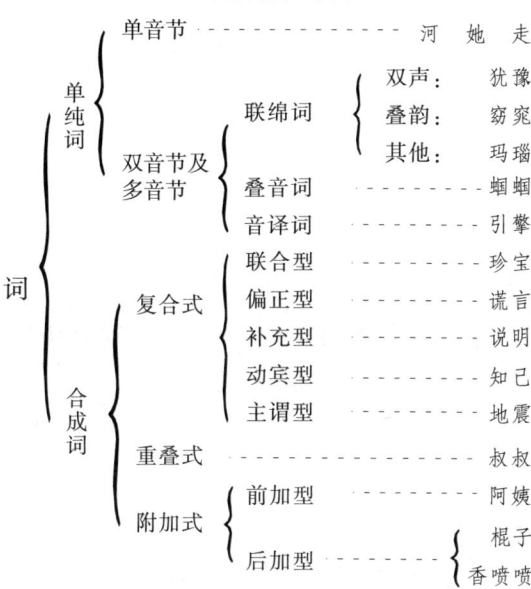

复习与练习(二)

一、复习题

1. 什么是单纯词？单纯词有哪些类型？
2. 什么是合成词？合成词有哪些构成方式？
3. 举例说明重叠式合成词和叠音词的区别。

二、练习题

1. 指出下列联绵词的类型。

   澎湃　恍惚　蜿蜒　鹦鹉　婆娑　玲珑　婀娜　蜘蛛　腼腆　鸳鸯

2. 指出下列复合式合成词的类型。

   肉麻　米粒　眼红　兄弟　称心　性急　耐性　火红　说服　狂欢
   冬至　吃惊　司令　告知　劳动　缩小　月食　自习　露骨　伤心

3. 现代汉语中常见的前缀和后缀有哪些？每一个词缀各举三个例子说明(课本中的例子除外)。

第三节　词义

词是形式和内容的结合体,其中语音是词的形式,词义是词的内容。词义是对事物、现象的反映。即使是"龙""鬼"这类虚构的事物,也是事物在人们意识中的曲折投射。

一、词义的性质

(一) 概括性

一个词往往是对某类事物或现象的概括。词义具有概括性,这是因为现实社会中的事物千差万别,词义必须舍弃个别的、具体的差异和特点,对整体的、本质的共性和特点进行概括,才能准确地反映出这个词所表示的对象的范围。如"鞋",在不同时期、不同地区有各种不同的鞋,包括样式、大小、功能、颜色、品牌等的不同,但是"鞋"的词义有着高度的概括性。《现代汉语词典》对"鞋"的解释是"穿在脚上、走路时着地的东西"。这一解释概括了各种不同的鞋的共性,也把鞋与其他类别的事物区别开来,这就是词义的概括性。

专有名词的词义也具有概括性,"广州"就对这个城市的历史和现状的各种特点进行了概括。

(二) 模糊性

词义的模糊性是指词义的界限不明确,它是由词义所反映的事物的界限不确定造成的。如"下午""傍晚""晚上"之间的界限就是不明确的。

词义的模糊性反映了事物之间的连续性,所以处在连续体中的一组词的意义就常常具有典型的模糊性,如表示颜色的词(如"红""橙""黄")、表示天气的词(如"晴""多云""阴")、表示年纪的词("青年""中年""老年")、表示时间的词(如"春""夏""秋""冬")、表示程度差异的词(如"远""近")等。

(三) 民族性

不同民族生存的地理环境、历史、传统、心理不同,往往会形成认知上的差异,这种差异反映到词义上,就会使词义呈现出民族性。

不同民族的语言,对同类事物的词义概括的范围可能不同。如汉语中对和父亲同辈的男性亲属的称呼有"伯伯、叔叔、舅舅、姨父、姑父"等,而英语中相应的称呼都为"uncle"。

基本意义相同的词在不同的语言中可能引申义不同。如英语的"pen"原来有"羽毛"之义,后来引申指"钢笔",因为古代英国人等曾有用羽毛书写的习俗,所以形成了两者在词义上的引申关系。而汉语中的"钢笔"在词义上则和"羽毛"没有这种联系。

不同民族语言的词,在指称同一客观事物时可能会有感情色彩方面的不同。现代汉语中带"狗"的词语常含贬义,如"狗腿子""走狗"等,而在英语中带"dog"的词语大部分没有贬义,如"a lucky dog(幸运儿)""dogfight(激战)"。

二、词义的分类

词义可分为理性义和色彩义。

(一) 理性义

理性义是与概念相联系的核心意义。词典对词目所做的解释,主要就是理性义。例如:

【汽车】 一种交通工具,用内燃机做发动机,主要在公路上或马路上行驶,通常有四个或四个以上的轮子。

"汽车"的理性义说明了该词所指的是"用内燃机做发动机"的车,这就使它与"自行车""马车"等区分开来;"在公路上或马路上行驶",这就使它与"火车"等区分开来;"通常有四个或四个以上的轮子",这就使它与"摩托车"等区分开来。

(二) 色彩义

色彩义附在理性义之上,反映的是人或语境赋予词的特定感受。主要有三种。

1. 感情色彩

感情色彩可分为褒义、贬义、中性三种。有些词表示说话人对有关事物的好感、肯定、赞许等态度,这就是词义中的褒义色彩,这样的词称作"褒义词"。例如：

  成果 团结 机灵 节俭 鼓励 勇士 美丽 诚实 慈祥 谦虚

  有些词表示说话人对有关事物的反感、否定、批评等态度，这就是词义中的贬义色彩，这样的词称作"贬义词"。例如：

  后果 勾结 狡猾 抠门 怂恿 懦夫 丑陋 虚伪 凶恶 高傲

  此外，更多的词既没有褒义色彩，也没有贬义色彩，这样的词称作"中性词"。例如：

  课本 水泥 比赛 手机 走 树木 飞机 天气 深 梦

  中性词在一定的语境中可能带有褒义或贬义的色彩，如"他做了个甜蜜的梦""他做了一个恐怖的梦"，但"梦"仍然只是中性词。

  2. **语体色彩**

  语体可分为书面语体和口语语体两大类。有些词多用于书面语体，这样的词常带有"书面色彩"。例如：

  徜徉 欺凌 羞涩 头部 风貌 恐惧 疲惫 购置 发言 就寝

  有些词多用于口语语体，这样的词常带有"口语色彩"。例如：

  溜达 欺负 害臊 脑袋 样子 怕 累 买 说 睡

  3. **形象色彩**

  形象色彩指通过描摹、比喻等手法使词义的表达富于具体的形象感。这种附加色彩能突显事物的特征，唤起人们丰富的想象。如"鹅卵石"通过描摹事物的外形，使它形似鹅卵的特征得到突显，使人产生具象联想。"摊牌"使用了比喻手法，表现在最后关头把所有的意见、条件、实力等摆出来给对方看，具有强烈的动态感。

三、义项

  义项是词的理性义在辞书中的分项解释。有的词只有一个义项，叫作单义词，如"跂"只有一个义项"抬起脚后跟用脚尖站着"，是单义词。有的词有两个或两个以上的义项，叫作多义词，如"怕"是多义词，有四个义项：

① 害怕、畏惧（任何困难都不怕）
② 禁受不住（瓷器怕碰）
③ 担心（他怕你不知道，要我告诉你一声）
④ 表示估计（这个瓜怕有十几斤吧）

词的各个义项之间是相互联系的。**有的义项是在原有义项的基础上，通过事物之间的相关性联系派生出来的，叫作引申义。**例如"深"的义项②：

① 从上到下或从外到里的距离大（这口井很深）
② 深度（河水深两米）

有的是在原有义项的基础上，通过打比方的方式派生出来的，叫作比喻义。例如"台阶"的义项②、③：

① 用砖、石、混凝土等筑成的一级一级供人上下的构筑物，多建在大门前或坡道上（小心台阶）
② 比喻事物的层级、等级（中国经济又上了一个新台阶）
③ 比喻摆脱僵局或窘境的途径或机会（给他们找个台阶下）

在词的多个义项当中，总有一个是最常用、最主要的意义，这就是词的基本义，如以上"怕""深""台阶"的第一个义项。又如"短"有多个义项，其中最常用的义项是"两端之间的距离小"，这个义项就是"短"的基本义。

一词多义是词汇表意功能丰富的体现，用已有的词来记录更多的新义，可以做到用有限的词汇来满足不断丰富的实际生活的交际需要。

需要注意的是，有一些表面上看像是一词多义的，其实是不同的词。例如：

别[1]：分离（再别康桥）
别[2]：区别（分门别类）
别[3]：插挂（胸前别着一支笔）

别⁴：不要（别去了）

以上四个"别"是语音相同、字形相同，但意义之间没有联系的一组词，这组词叫作同音同形词。又如：

大家¹：名词，指著名的专家（冰心是一位散文大家）
大家²：人称代词，指一定范围内所有的人（大家都想参加这个比赛）

两个"大家"虽都指人，但所指对象区别很大，意义无联系，词性也不同，也是一组同音同形词。

复习与练习（三）

一、复习题

1. 举例说明什么是词义的概括性、模糊性、民族性。
2. 举例说明什么是词的理性义和色彩义。
3. 什么是义项？什么是引申义、比喻义？什么是基本义？
4. 举例说明如何区别多义词和同音同形词。

二、练习题

1. 分析下列几组词在色彩义上有何不同。

    怀孕——有喜　　喜欢——宠爱
    虚荣——光荣　　云雾——云海
    害羞——腼腆　　月亮——月球
    鼓励——鼓惑　　成果——结果
    蛙泳——游泳　　大方——慷慨

2. 根据词的色彩义选择合适的词填入下列句中。

    狐狸　蝴蝶　猴子　乌鸦　蜜蜂　百灵鸟
    牛　　麻雀　牡丹　青松　杨树　木头

    （1）小胡有一张_____嘴，好的不灵坏的灵。
    （2）她想引人注目，天天打扮得像只花_____。
    （3）他知道这次遇到的是只老_____，千万不能掉以轻心。

(4) 他呆呆地站在那里,像个_____人。
(5) 山歌数她唱得最好,大家都说她是我们村的_____。
(6) 有的人喜欢_____的富贵,有的人喜欢_____的气节。

3. 指出下列固定短语的感情色彩和语体色彩。
    走过场 獐头鼠目 热火朝天 留一手
    炒冷饭 马不停蹄 高风亮节 龙马精神

4. 下列词中哪些是单义词?
    丝绸 汽油 肥胖 生气 风
    树   跑   得意 酒精 钟

5. 下面加点的词,用的是基本义、引申义还是比喻义?
   (1) 我们进入了一个很深的山洞。
   (2) 毕业后,很多同学都走上了教育工作岗位。
   (3) 黄河是中华民族的摇篮。
   (4) 你不要乱扣帽子。
   (5) 小时候每天上学都要走过那个小石桥。
   (6) 大家忙得不可开交,她却坐在一旁打毛衣。

6. 下列各组例子中,加点的词之间是一词多义还是同音同形?为什么?
   (1) 这项发明不久将公之于世。
       这事得公事公办。
       这头羊是公的。
   (2) 上级肯定了我们的成绩。
       他的回答是肯定的。
       她明天肯定不来。
   (3) 这次旅游花了不少钱。
       瓶子里插了几枝颜色不同的花。
       这么小的字看得我眼都花了。

【课程延伸内容】

义素和义素分析

义素是对词的义项进行分解而得到的最小的意义元素。如"父亲"的义项"有子女的男子是子女的父亲",可分解为[＋有子女][＋男性][＋亲属],"母亲"的义项"有子女的女子是子女的母亲",可分解为[＋有子女][＋女性][＋亲属]。[＋有子女][＋男性][＋女性][＋亲属]便是义素。义素一般用[ ]括住,"＋"表示有此义素,"－"表示不具有此义素(如[＋女性]可表示为[－男性])。

义素通常是通过对比的方法确定的。义素分析一般要在一组相关词中进行,只有通过相关词的对比,才能找出它们共同的义素和相互区别的义素,最后分解出每个词的具体义素。选定了相关的词之后,就可以进行词义间的比较,也就是分解出相应的义素。如对比"哥哥、姐姐、弟弟、妹妹"这组词,可以发现,它们的共同义素是[＋同胞],"哥哥、姐姐"与"弟弟、妹妹"相互区别的义素分别是[＋年长]和[＋年幼],"哥哥、弟弟"与"姐姐、妹妹"相互区别的义素分别是[＋男性]和[＋女性]。[＋年幼]是和[＋年长]对立的义素,可记作[－年长];[＋女性]是和[＋男性]对立的义素,可记作[－男性]。这样,这四个词的义素可描写为:

哥哥——[＋同胞][＋男性][＋年长]
姐姐——[＋同胞][－男性][＋年长]
弟弟——[＋同胞][＋男性][－年长]
妹妹——[＋同胞][－男性][－年长]

上面的"父亲""母亲",它们的义素可描写为:

父亲——[＋亲属][＋有子女][＋男性]
母亲——[＋亲属][＋有子女][－男性]

义素分析可以突出地显示词义之间的联系及异同,还易于说明词与词之间的搭配限制。如我们可以说"喝茶""喝酒",但不能说"喝烟",因为"喝"所支配的名词必须具备[＋液体]这个义素。"喝西北风"能说,是因为它是一种比喻性很强的特殊固定搭配,不属于一般的自由搭配。

第四节　同义词和反义词

一、同义词

(一) 什么是同义词

指意义相同或相近的一组词。

汉语的同义词非常丰富,如与"丰富"意义相同或相近的词还有"丰厚、丰盛、丰硕、丰饶、丰盈"等,与"充足"意义相同或相近的词还有"充裕、充实、充分、充畅、充沛"等。

同义词包括下列两种情况:

① 觉察—察觉　　忌妒—妒忌
　 盐—氯化钠　　水银—汞
　 公尺—米　　　维生素—维他命
　 衣服—衣裳　　自行车—脚踏车
② 和蔼—和气　　平凡—平常
　 凝视—注视　　核心—中心—重心
　 承继—承袭—继承

① 组是一般所说的等义词,理性意义完全相同,表达时选择哪一个词主要取决于不同的表达习惯。所谓"等义"是相对的,理性意义要求完全相同,附加意义允许有细微差别,但在表达中往往可以忽略这些差异。

② 组是一般所说的近义词,理性意义大体相同,但也有细微差别。这类词在同义词中数量最多。

多义词可以在多个义项上与不同的词构成同义关系。如"骄傲"为多义词,在"引以为荣"这个义项上可与"自豪"构成同义词,在"自高自大"这个义项上则与"自满"构成同义词。

值得注意的是,同义词必须在理性意义上相同或相近,有时理性意义不同的词在具体语境中所指的对象虽然相同,但它们却不是同义词。例如:

伙计,埋单,给你现金,港币,行么?

例中"现金"和"港币"的所指对象相同,但这种同义关系依附于具体语境,离开了语境,同义关系就不复存在,因此它们不是同义词。

(二) 同义词的差别

同义词在理性意义或附加意义上有不同程度的差别,这些差别主要表现在以下几个方面。

1. 理性意义的差别

(1) 意义的重心不同。"奔驰、奔腾"都指"飞快地跑",但"奔驰"重在"驰",指急快地飞跑,如"汽车奔驰在草原上";"奔腾"重在"腾",指一起一伏、跳跃式地跑,如"千军万马,奔腾而来"。"战略、战术"都是指斗争的策略和方法,但"战略"指用于全局的策略和方法,如"对待这一复杂问题要有战略眼光";而"战术"指用于具体战斗或局部的策略和方法,如"采用游击战术"。

(2) 意义的轻重程度不同。如"爱好、嗜好"都表示对某种事物具有浓厚的兴趣,如"爱好/嗜好收藏"。它们也都可以表示对某种事物所具有的浓厚兴趣,如"人总有点儿爱好/嗜好"。不同的是,"爱好"的意义程度较轻,而"嗜好"的程度重。又如"批判"和"批评"、"鄙视"和"轻视"、"竭力"和"努力"、"毁坏"和"损坏"、"绝望"和"失望"这几组同义词,都是前一个比后一个的意义程度重。

(3) 范围的大小不同。如"家乡、故乡"虽然都是指长期居住的地方,但"家乡"只指自己家庭世代居住的地方,而"故乡"则指出生或长期居住的地方,词义范围比"家乡"大。"新闻、消息"虽然都指报刊或电台报道的最新发生的事,但"新闻"可以是简短的,也可以是较详尽的,甚至包括通讯、调查报告等,范围较大;而"消息"只指简短的关于人物或事物情况的报道,范围较小。

(4) 集体与个体不同。如"信件、信""船只、船""书本、书""马匹、马""纸张、纸"等,每组前一个表示集合意义,后一个表示个体意义。

前一个都不能用数量短语修饰,后一个可用数量短语修饰。如不能说"五封信件",只能说"五封信"。

再比如"树木、树""书籍、书"等,每组前者表示集合意义,后者表示个体意义。

(5) 搭配对象不同。如"废除、解除、破除"都有去掉、消除的意义。不同的是,"废除"的对象常为不合理或无用的抽象事物,如制度、法令、方法、特权等;"解除"的对象常为束缚或困扰身心的事物,如束缚、疑难、痛苦、顾虑、危险、警报、武装等;"破除"的对象常为原先被人们重视但现在认为是不正确的事物,如迷信、成见、情面、思想、习惯、清规戒律等。

2. 色彩方面的差别

(1) 感情色彩不同。如"坚强、顽强"都指不易为外力动摇。不同的是,前者为褒义词,后者是中性词,如可以说"坚强的战士",不能说"坚强的敌人";但既可以说"战士很顽强",也可以说"敌人很顽强"。"焦急、焦躁"都指心里急,但分别为中性词、贬义词。"成果""结果"和"后果"都指事情的结局,但分别是褒义词、中性词、贬义词。

(2) 语体色彩不同。如"父亲、爸爸""狐疑、疑心"等,前者具有书面语色彩,后者具有口语色彩。同是书面语色彩,也有更细致的区分,如"汞"与"水银",前者不仅具有书面语色彩,而且是科学语体的书面语色彩;"静谧"与"安静",前者侧重体现文艺语体的书面语色彩;"兹"与"现在",前者侧重体现公文语体的书面语色彩。

(3) 形象色彩不同。如"蝉联、连续""雀跃、高兴""龟缩、萎缩""鱼贯、连贯""蚕食、吞并"这几组同义词,每组前一个都以动物的习性取喻表意,比后一个更加形象。又如"铲除、根除、剪除、革除、清除"这组同义词,前三个词都有鲜明的形象感,"除"的方式具体而形象,后两个词形象感较弱。

3. 词性方面的差别

有些同义词有词性上的差异。如"祸害、祸患"都可做名词,指危害性大的、能引起灾祸的事物或人,但"祸害"是兼类词,除了做名词,还可做动词,指损害、损坏,如"祸害社会的行为必须坚决制止",而"祸患"只能做名词。

大多数情况下,同义词之间的差别是多样而复杂的,需要结合以上介绍的各种差别进行多角度辨析。如"抱怨、埋怨"都是动词,指用言语等表示不满。不同的是,"抱怨"多强调"心怀不满,怨恨",不满程度较重;"埋怨"多强调"责怪",不满程度较轻。二者的搭配对象也有不同,如可以说"落埋怨",不能说"落抱怨"。这一辨析就综合考虑了三种差别:意义的重心、意义的轻重程度和搭配对象。

(三) 同义词的作用

1. 利用同义词之间意义上的细微差别,选取同义词满足不同语体或场合的需要,可以使语言表达精确、生动、恰当。例如:

① 老者上下打量着年轻人,然后细细地看了看手中的信,突然抬起头,眼睛盯着年轻人俊俏的脸。
② 窃书不能算偷……窃书!……读书人的事,能算偷么?
③ 那年百团大战时,老连长挂了彩,现在还留下个疤呢。
④ 龚老先生弥留之际,已认不清我们是谁了。

例①使用同义词"打量、看、盯"准确、细腻地描写了老者的动作、神态,语言生动,富于变化。例②是小说《孔乙己》里孔乙己在为自己的偷窃行为辩解。孔乙己利用"窃"与"偷"这组同义词文言和白话的差异,来证明自己是读书人,哪怕偷书也高人一等,活现了深受科举制度毒害的旧知识分子死要面子的心理。例③用"挂彩"不用"受伤",一方面出于表达上委婉讳饰的需要,另一方面也体现了老连长的大无畏的乐观主义精神。例④选用古语词"弥留、之、际",而不用"临死、的、时候",显得庄重、严肃、得体。

2. 同义词连用,可以加强语势,使语意丰满,还可以使语言富于节律美。例如:

⑤ 凡是搞特权、特殊化,经过批评教育而又不改的,人民就有权依法进行检举、控告、弹劾、撤换、罢免,要求他们在经济上退赔,并使他们受到法律、纪律处分。
⑥ 听那音调激越高昂,呼山山应,唤水水和。

例⑤连用"检举、控告""撤换、罢免"等同义词,使语势得到了明显而有力的增强。例⑥的"呼"和"唤"、"应"和"和"在这里是两组同义词,前后构成对偶,结构上整齐对称,读起来朗朗上口。

二、反义词

(一) 什么是反义词

指两个意义相对或相反的词。

反义词的界定需要注意以下三点:

1. 构成反义词的两个词必须具有共同的意义基础,即都属于同一个意义范畴。如"东、西"都属方向范畴,"爱、恨"都属感情范畴,"方、圆"都属形状范畴,"快、慢"都属速度范畴,"拥护、反对"都属态度范畴;而"矮"与"大"一指高度,一指体积,所属范畴不同,没有共同的意义基础,不能构成反义词。

2. 反义词一般只在理性意义的某个方面相反或相对,其他方面还要尽量保持一致,包括词性、语体色彩、音节数目等方面。如"聪明"和"傻子"虽然存在一定的反义性,但"傻子"是名词,"聪明"是形容词,它们不是反义词。又如"丈夫"和"老婆",它们在性别意义上存在对立,但在语体色彩上不一致,前一个具有书面语色彩,后一个具有口语色彩,不构成反义词;而"丈夫、妻子"语体色彩一致,构成反义词。再如"生"和"死亡"存在反义性,但前一个是单音节,后一个是双音节,不能构成反义词;"生"和"死"、"生存"和"死亡"构成反义词。

3. 有些词在意义上并没有明显的对立关系,但在一定情况下,人们会在主观上将它们对立,经常对举使用,久而久之就形成了一组反义词。如"白"和"黑"在客观的颜色对比意义上构成反义关系,是反义词。但"白"和"红",尽管不存在颜色对比上的反义关系,但在一定的文化条件下,人们会主观地把它们当作反义词来使用,如"红白喜事"。"黑"和"红"也不存在颜色对比上的反义关系,但在"文革"时期,由于政治因素的影响,人们也把它们看作是一对反义词。这样一来,在不同情况下就会出现"红、白、黑"互为反义词的现象,其关系如下图所示:

需要说明的是,一个多义词可以在不同义项上和不同的词构成反义关系。例如"老"可以跟"新"构成反义词,如"老房子""新房子";也可以跟"少(shào)"或"幼"构成反义词,如"老少皆宜""尊老爱幼";还可以跟"嫩"构成反义词,如"肉炒老了""肉炒得嫩"。

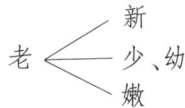

(二) 反义词的类型

反义词可以分为两种类型。

1. 绝对反义词

反义词 A、B 互相排斥,互相对立,不允许出现非 A 非 B 的中间状态。是 A 就不是 B,不是 B 就一定是 A。例如:

动—静　　　真—假　　　有—无　　　生—死
对—错　　　曲—直　　　正—反　　　主观—客观
正确—错误　完整—残缺

在生命范畴,不是"生"就是"死";在形状范畴,不"曲"即"直";在状态范畴,不"完整"即"残缺"。这些反义词之间都没有第三种状态存在。绝对反义词图示如下:

A	B
(生)	(死)

2. 相对反义词

反义词 A、B 并不互相排斥,两词之间还有中间状态。是 A 就不是 B,不是 B 也不一定是 A。例如:

黑—白　　　　　上—下　　　　　雅—俗

上升—下降　　开头—结尾　　快乐—忧愁
吉日—凶日　　顺行—逆行　　朋友—敌人

"黑"和"白"之间可以有类似"灰"的状态,"开头"和"结尾"之间可以有"中间"的状态,"顺行"和"逆行"之间可以有"停止"的状态。相对反义词图示如下:

A (黑)	中间地带 (灰)	B (白)

(三) 反义词的作用

反义词反映了事物的矛盾对立关系,充分利用反义词,有利于发挥语言效用。

1. 运用反义词,形成意思上的鲜明对比,使语言更加深刻有力,更好地揭示事理,鲜明地表达感情。例如:

① 胜不骄,败不馁。
② 他工作很努力,每天都是来得最早,走得最晚。
③ 幸福的家庭总是相似的,不幸的家庭各有各的不幸。

2. 利用反义词成对的特点,形式上构成对偶、仿词、排比等修辞手段,增强语言的表现力。例如:

① 旧的不去,新的不来。(对偶)
② 大家的头发上结了霜,女同学说她们是"白毛女",男同学笑说自己是"白毛男"。(仿词)
③ 世界上最快而又最慢,最久而又最短,最易被人忽视而又最易令人后悔的,就是时间。(排比)

复习与练习(四)

一、复习题

1. 什么是同义词?包括哪些类型?
2. 举例说明同义词在哪些方面可能有差别。
3. 同义词有哪些作用?

4. 什么是反义词？包括哪些类型？

5. 反义词有哪些作用？

二、练习题

1. "干净"有三个义项：①没有尘土、杂质等；②形容说话、动作不拖泥带水；③比喻一点儿都不剩。分别找出每个义项的同义词。

2. "开"有多个义项，各义项可能有相应的反义词（如"开门—关门"），试举出"开"在另外几个义项上的反义词。

3. 辨析下列各组同义词的主要区别。

    惦记—惦念　　　毛病—缺点

    气派—气度　　　仙游—去世

    马匹—马　　　　鼓动—煽动

    灾难—灾荒　　　申明—声明

4. 综合辨析同义词"产生、发生"的异同点。

5. 指出下列成语中的同义词（语素）或反义词（语素）。

    家喻户晓　　你追我赶　　死去活来　　此起彼伏

    弃暗投明　　取长补短　　无独有偶　　横冲直撞

    博古通今　　东摇西摆　　苦尽甘来　　新陈代谢

6. 指出下面各词的反义词，并指明类型。

    分散　　通俗　　赞同　　结婚　　利落

    富裕　　节约　　正面　　消失　　低落

【课程延伸内容】

语义场

同义词之间具有同义关系，它们构成一个聚合；反义词之间具有反义关系，也构成一个聚合。这种由词义间具有一定联系的一组词形成的语义聚合，就是一般所说的语义场。如具有同义关系的词"死、死亡、逝世、辞世、仙逝、仙游"，构成一个语义场。从义素的角度看，以上六个词的词义中都有共同义素——[＋生命终结]。具有反义关系的"妻子、丈夫"构成一个语义场,它们的共同义素是[＋配偶]。"春天、夏天、秋天、冬天"是表四季的词,也构成一个语义场,共同义素是[＋季节]。同一语义场内的成员除了具有共同义素外,还必须具备区别于其他成员的义素,如"丈夫、妻子"的区别义素分别是[＋男性][－男性]。

语义场具有系统性,同一语义场中的成员是相互联系、相互制约的。同一个词在不同的语义场中,由于相互关联的词不同,意义就会不同。如"金、木、水、火、土"构成表示"五行"的语义场,"金、银、铜、铁、锡"构成表示"五金"的语义场,这两个语义场中的"金"由于相关联的成员不同,它们的词义就不同。"老、新"和"老、幼"以及"老、嫩"三对反义词中的"老",分属三个不同的语义场,相关联的成员不同,词义也不同。

语义场还具有层次性,上位语义场有它的下位语义场,下位语义场下面还可能有更下位的语义场。例如：

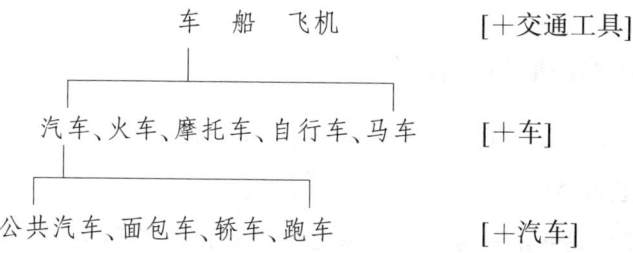

"车、船、飞机"构成上位语义场"交通工具",它的下位语义场"车"由"汽车、火车、摩托车、自行车、马车"等构成,而"车"的下位语义场"汽车"又由"公共汽车、面包车、轿车、跑车"等构成。

同义词构成同义语义场,反义词构成反义语义场。除此之外,常见的语义场还有类属语义场、顺序语义场等类型。

类属语义场的成员同属于一个较大的类。如"竖井、立井、斜井"等都属于矿井类,"电视机、冰箱、洗衣机"等都属于家电类,"白酒、红酒、啤酒"等都属于酒类。前面所举的"车、船、飞机""汽车、火车、摩托车、自行车、马车""客车、货车、轿车、跑车"依次属于交通工具类、车类、汽车类。

顺序语义场内的成员按一定的顺序排列。如时间序列"上午—中午—下午—晚上""昨天—今天—明天—后天"等,空间序列"起点—中途—终点""热带—温带—寒带"等,等级序列"学士—硕士—博士""科级—处级—厅级—部级"等。

语义场表明,每个词都处于一定的语义场内,词与词之间既相互联系又相互制约,词汇是一个有序的系统。值得注意的是,同一个词有可能会属于不同的语义场。如"台灯"跟"电热壶、电熨斗"等同属于小家电类语义场,也可以跟"油灯、蜡烛"等同属于照明器具类语义场。

思考与讨论
谈谈义素和语义场的关系。

第五节　现代汉语词汇的组成

一、基本词汇和一般词汇

现代汉语词汇总体上可分为基本词汇和一般词汇。

(一) 基本词汇

基本词汇是基本词的总汇,是词汇体系的核心和基础。基本词汇所代表的概念和事物往往与人们日常生活密切相关,在全民语言交际中必不可少。例如:

表示自然界事物的:日、月、火、河、雨、雪、土、木等;
表示生活与生产用品的:碗、盆、墙、鞋、牛、羊、菜、肉等;
表示人体各部分的:头、眼、鼻、唇、口、牙、心、腿等;
表示亲属或指代的:爷爷、母亲、哥哥、舅舅、女儿、我、你、他、这、那等;
表示人或事物的行为、变化的:吃、睡、看、说、坐、走、来、变、生、死等;
表示时间和空间的:年、月、分、秒、东、西、上、下、前、后等;

表示人或事物的性质、状态的：男、女、新、旧、长、短、老、少、高、低、红、绿等；

表示数量和单位的：一、百、千、几、多、个、只、条、尺、寸、次、遍等。

基本词汇有三个特点：

1. 全民性

基本词汇使用频率高，使用范围广，在实际生活中不可缺少。它们不受交际主体的地域、性别、年龄、阶层、行业、文化程度等社会特征的限制，全民族通用。全民性是基本词汇的根本特点。

2. 稳固性

许多基本词有上千年的使用历史，特别是单音词。如"人、手、口、马、牛、羊、鱼、日、月、山、雨、水、火、大、小"等词在甲骨文中就已经使用，它们的词义和用法至今基本保持不变。

基本词汇具有稳固性，但并不是一成不变的。随着社会发展的需要，基本词汇也在不断地调整、扩充。如随着单音词向双音词发展，基本词"耳"已经被"耳朵"代替，"目"已经被"眼睛"代替。

3. 能产性

随着社会的发展，语言必须不断增加新的词语，以适应交际的需要。汉语中大量的双音节新词都是在单音节基本词的基础上构成的。因为基本词是人们所熟悉的，在它们的基础上创造出来的新词更便于理解、接受和流传。如用"心"构成的双音节词就有"关心、开心、耐心、细心、虚心、心情、心疼、心态、心理、心声"等，多至数百个。而用单音节基本词"天、水、人、火、电"做语素构成的双音节词也都在一百个以上。可见，基本词的构词能力很强。

当然，并不是所有的基本词都具有很强的构词能力，如"你、我、这、那"等的构词能力就比较弱；至于一些数词、量词等，就几乎没有什么构词能力。但总的来说，构词能力强仍是基本词汇的一个重要特点。

（二）一般词汇

基本词汇以外的词汇是一般词汇，其中比较受关注的是古语词、方言词、外来词、行业语、新词等。

在实际语言交际中，想要说明复杂多样的事物、表达精密细致的思想感情,仅用基本词汇是不够的,还必须使用一般词汇。如说到电脑,我们就不可避免地使用相关的外来词、新词和行业语,如"网络、鼠标、软件、博客、网吧、格式化、黑客、CPU(中央处理器)、E-mail(电子邮件)"等;又如谈到化学,我们就少不了使用"元素、溶液、价、氢"等行业语;在正式的书面语体中,我们就可能会使用到"嘉许、兹、顿首、荣膺、不才"等古语词;"埋(买)单、嘚瑟、搞掂"等方言词也常出现在当今人们的口语中。

一般词汇涉及各个领域,数量巨大,远超基本词汇,可以满足不同人群的多样化的交际需要。

基本词汇与一般词汇是词汇系统的两大组成部分,二者既有区别又相互依存,它们的总和构成了语言的词汇。

由基本词派生出来的词绝大多数进入了一般词汇,也有一些基本词随着社会的发展进入一般词汇中。如在古代汉语中,"目、足"都是基本词,在现代汉语中进入了一般词汇。反之,随着社会的发展,一般词汇中有些词具备了基本词汇的特点后,就进入了基本词汇。如"党、电"在古汉语中是一般词,在现代汉语中已成为基本词。有些新词,开始是一般词,但经广泛使用后很快进入了基本词汇,如"手机、电脑"等。

二、古语词、方言词、外来词、行业语

(一) 古语词

古语词是从古代汉语中吸收来的词。它们多用于庄重严肃的特定语境或文艺作品中,体现文雅的语体色彩。

古语词可分为文言词和历史词。文言词一般用于某些文体和特殊语境,口语中很少使用。文言词表示的事物、现象在现代生活中仍然存在,但一般情况下,文言词往往被更为通俗、常用的词替代。下列各组前者为文言词,后者为替代词:

案牍——公文	败北——失败	悉数——全部
顿首——磕头	布衣——百姓	巾帼——妇女
暨——和	亦——也	诞辰——生日
勿——不	皆——都	甚——很

有些文言词在现代汉语中没有相应的词可替代，如"矍铄"指老年人很有精神的样子，"轩昂"形容精神饱满、气度不凡，它们在现代汉语中都找不到对应词。类似这样的词还有"垂范、恻隐、砥砺、耄耋、纨绔"等。

适当使用文言词，有时可达到某些特殊的效果。例如：

孔乙已着了慌，伸开五指将碟子罩住，弯腰下去说道，"不多了，我已经不多了。"直起身又看一看豆，自己摇头说，"不多不多！多乎哉！不多也。"

古汉语虚词"乎、哉、也"本应出现在庄重、典雅的场合，这里用在孔乙己的身上，生动地刻画了人物的性格特征，产生了幽默讽刺的效果。

历史词一般用于叙述历史事物或现象，它们表示的事物、现象在现代社会大多已经不存在了，如兵器"戟、戈"等，职官名"司马、仆射、太尉、宰相"等，器物名"篦、鼎、樽"等。

有些历史词结合一些辞格的使用，可以产生某些特定的效果。如"帝王般的气派""老婆规定进门必须脱鞋，他当圣旨一样牢记"等。有些历史词还存在于一些熟语中，如"宰相肚里能撑船""秀才遇到兵——有理说不清""拿着鸡毛当令箭"等。

（二）方言词

广义的方言词是指各地方言中使用的词，这里的方言词是指从方言中吸收进普通话的词，如"挤对、侃爷、咋呼、手信、三脚猫、死磕、瘪三、冲凉、马仔、鼓捣、狗仔队、忽悠、生猛"等。这些词原在方言中使用，各有其特殊的意义，普通话没有相当的词来表达，所以被吸收进来，成为普通话的词汇。

使用方言词常常会使语言更加生动，更有表现力。如"学好不容易，想学坏也就是一出溜的事"中的"出溜"，"生猛海鲜"中的"生猛"都是方言词，如果把它们换成别的词，生动感和表现力就会打折扣。

（三）外来词

外来词是从外族语言中吸收进来的词，也叫借词，如"沙发、巧克力、坦克、啤酒、卡车、冰激凌、可口可乐"等。外来词一般要含有译音的成分。表达引入的外来事物或概念的汉语词,不属于外来词,如"蜜月、电话、网络、计算机"等。

外来词的引入方式和结构形式主要有以下几种。

1. 音译

用同音或音近的汉字来表示外语词的读音。例如:

扑克(poker) 　沙发(sofa) 　咖啡(coffee)
拷贝(copy) 　比基尼(bikini) 　迪斯科(disco)

2. 半音译半意译

把外语词一分为二,音译一部分,意译一部分。例如:

冰激凌(ice-cream) 　新西兰(New Zealand)
因特网(internet) 　浪漫主义(romanticism)

3. 音译兼意译

整体是音译,同时又是意译。例如:

雪碧(Sprite) 　可口可乐(Coca Cola)
引得(index) 　基因(gene)
迷你(mini) 　乌托邦(utopia)

4. 音译加汉语语素

整个词音译以后,再加上一个表示义类的汉语语素。例如:

啤酒(beer) 　沙丁鱼(sardine)
比萨饼(pizza 意大利语) 　卡车(car)
夹克衫(jacket) 　多米诺骨牌(domino)
芭蕾舞(ballet 法语) 　沙皇(царь 俄语)

此外,外来词中还有一类借形词,绝大多数借用外文缩写字母,或在外文缩写的基础上加上表示义类的汉语语素。例如:

MBA(Master of Business Administration 的简称,工商管理硕士)
MTV(Music Television 的简称,音乐电视)
WHO(World Health Organization 的简称,世界卫生组织)
AA 制(Algebraic Average 的简称,按人头平均分担费用)

还有一类是直接把用汉字书写的日语词借用为汉语词,如"经济、支部、手续、高潮、革命、取缔、引渡、服务、场合、人气"等。

(四) 行业语

行业语是在各行业和学科中使用的专有词语,其中最典型的是科学术语。行业语是表达各行业、各学科概念的重要手段,缺少它们,就无法进行专业交流。例如:

天文学:行星、恒星、光年、日食、黑洞;
地理学:赤道、海拔、纬度、地貌、温带;
生物学:细胞、胚胎、变种、培养基、染色体;
数学:开方、函数、代数、积数、几何;
化学:电解、氧化、饱和、碱性、化合;
经济学:资本、流通、消费、成本、生产力;
医学:血栓、囊肿、号脉、脱水、注射;
哲学:范畴、同一、质变、辩证、一元论;
体育:中锋、背飞、跨栏、本垒、篮板;
语言学:音素、字符、语素、短语、句群。

行业语的使用不受地域的限制,同一行业的词语,在全国各地的词义基本一致。

随着人们文化知识水平的普遍提高,许多行业语在人们日常生活中使用的频率越来越高,已经成为普通词汇,如原属计算机领域的"软件、硬件",原属物理学领域的"载体、反馈、热点、内耗、焦点、冻结、曝光",原属生理学、医学领域的"盲点、硬伤、症结、错位",原属地理学领域的"滑坡、断层、落差、板块",原属体育领域的"底线、出局、开局、黄牌"等。

复习与练习(五)

一、复习题

1. 什么是基本词汇?基本词汇有哪些特点?
2. 基本词汇和一般词汇的关系是怎样的?
3. 文言词与历史词的区别是什么?
4. 什么是方言词?

5. 什么是外来词？外来词的引入方式和结构形式主要有哪几种？
6. 什么是行业语？

二、练习题

1. 从下列句子中找出外来词、古语词、方言词、行业语。
   (1) 同学聚会唱歌,他总是拿着麦克风不放,大家称他"麦霸"。
   (2) 县里请夏老给本地的企业把把脉。
   (3) 领导要当好二传手。
   (4) 今年,学校举行的圣诞派对非常成功。
   (5) 他腰间的手机不断响起,不是来向他取经的,就是来联系业务的,一副踌躇满志的样子。
   (6) 医生建议她长期服用维他命,不能吃一顿落一顿。
   (7) 今年的省高考状元是我们县有名的才子。
   (8) 老头儿们没事就凑在一块儿唠嗑儿。
   (9) 推出产品要把握市场节奏,善于打时间差。
   (10) 大家对他所做之事,腹诽甚多。

2. 请分析下列外来词的类型。
   因特网　　NBA　　逻辑　　剑桥　　柠檬　　白兰地
   卡介苗　　瓦斯　　苏打　　卡片　　蒙太奇　沙文主义

3. 下列在方言中使用的词,哪些已经成为普通话里的词？
   啥　　粿条　　胰皂　　弄堂　　霸蛮
   俺　　拍拖　　埋汰　　馍馍　　鸡公

【课程延伸内容】

隐语

也叫秘密语,是行业语中特殊的一种。主要用于某些社会集团或秘密组织。隐语的词义在内部成员使用中具有约定性,用在特定范围内传递秘密信息。隐语有一般秘密语和黑话之分。黑话是专门以危害公众利益、扰乱社会秩序为目的的黑社会集团所创造使用的隐语。一般秘密语是相关社会集团出于某种利益考虑,为方便集团内部成员之间的沟通,同时不让外人知晓而创造的。如百年前山西晋南方言中的"言话",就是一种典型的一般秘密语,主要用于地位较低的社会集团中(如理发行、唢呐行、戏曲行、石匠行等)。

隐语由汉语普通语素赋予特殊含义而成,而且各地、各行不同。黑话如:胡子(土匪,东北黑话)、佛爷(窃贼,京津黑话)、吊参(绑架,广东黑话)、八叉(父亲,云南黑话)。一般秘密语如晋南言话中的"冒烟"(喝彩,戏曲行)、"光闪"(肥皂,理发行)、"展瓜"(好,唢呐行)、"齿子"(女人,石匠行)。

隐语,尤其是黑话,一般生命力都较弱,因为相关词义一旦被人知晓,失去了秘密性,往往就会被淘汰,少数被吸收成为普通词汇。如来源于黑话的"宰人、走穴、大腕儿、放血、下海、叫板、套磁、洗手、挂花、清一色"等,来源于娼妓行业的"跳槽、回头客、吃软饭、倒贴",等等。这些来自隐语的词语往往独具特色和表现力。

思考与讨论

请调查一下你的方言中有没有隐语。

第六节 熟语

熟语是人们常用的、有特定意义的、定型化的固定短语,主要包括成语、惯用语、歇后语。

一、成语

成语指人们长期习用、书面色彩较强的固定短语。成语结构简洁,含义精辟,多为四字结构,大多有典源。

(一) 成语的特征

1. 意义整体化

成语的意义跟词的意义一样，往往不是构成成分意义的简单相加，而是从表层的字面意义通过引申或比喻的方式衍生出来的深层意义。如"闻鸡起舞"表层的字面意义是讲述东晋祖逖听到鸡鸣就起床舞剑的故事，它的深层意义则是比喻有志之士及时奋发。又如"泾渭分明"，字面意义指泾水和渭水合流时清浊分得很清楚，深层意义则是比喻人或事物的好坏、是非界限分明。

可见，成语的意义具有表层意义和深层意义的双层性。双层意义融合到成语中，从而体现出成语意义的整体性特点。要正确使用成语，必须准确把握成语意义整体化的特点。

2. 结构凝固化

绝大多数成语的结构凝固。一方面，成语的构成成分不能随意更换或增减。如不能将"一见钟情"换成"一箭钟情"，"三人成虎"不能随意换成"五人成虎"或"十人成虎"，"六神无主"是成语，"六神有主"就不是成语了。只有个别成语在使用过程中变换了成分，如"揠苗助长"也说"拔苗助长"，后者已被社会认可，广为流传。

另一方面，成语构成成分的位置不能随意变动。如"肝胆相照"不能改为"胆肝相照"，"先礼后兵"也不能随意改为"后兵先礼"，成分前后颠倒会造成意义改变甚至不通。个别成语在使用过程中，由于误用和约定俗成等原因，习非成是，改变了构成语序，如"每下愈况"变成了"每况愈下"，前后意义也发生了变化，这是比较特殊的情况。

3. 风格典雅化

成语大多来自古代文献，书面语体色彩较强，表意典雅。很多成语中还保存着古代汉语的词义和结构。例如：

古汉语词义：不速之客（"速"，邀请）
屡试不爽（"爽"，差错）
功败垂成（"垂"，接近）
求全责备（"责备"，要求完备）
感激涕零（"涕"，眼泪；"零"，落下）

古汉语结构：一目十行（"目"，名词做动词）
　　　　　　一以当十（"一以"，介词的宾语前置）
　　　　　　鱼肉百姓（"鱼肉"，意动用法）
　　　　　　以理服人（"服"，使动用法）
　　　　　　道听途说（"道、途"，名词做状语）

以上成语都不能按现代汉语的词义和结构来理解。

(二) 成语的来源

成语来源广泛，了解成语的来源，有利于准确把握成语的意义。

1. 神话寓言

神话故事：夸父逐日（《山海经》）、精卫填海（《山海经》）、沧海桑田（晋·葛洪《神仙传》）、牛郎织女（南朝梁·宗懔《荆楚岁时记》）、八仙过海（元·无名氏《争玉板八仙过沧海》）。

寓言故事：井底之蛙（《庄子》）、自相矛盾（《韩非子》）、画蛇添足（《战国策》）、掩耳盗钟（铃）（《吕氏春秋》）、黔驴技穷（唐·柳宗元《柳河东集》）。

也有来自外族寓言或传说的，如：杀鸡取卵（《伊索寓言》）、火中取栗（《拉封丹寓言》）、水中捞月（佛经）、借花献佛（佛经）、以牙还牙（《旧约全书》）、三位一体（基督教）。

2. 历史故事

我国历史有很多著名事件、故事，后人常将它们概括、凝缩成成语，说明某一事理。如：退避三舍（《左传》）、图穷匕见（《战国策》）、后来居上（《史记》）、不足挂齿（《汉书》）、口蜜腹剑（《资治通鉴》）等。

3. 诗文语句

我国古代典籍丰富，诗文中的语言精辟深邃，人们从中提炼出大量成语。

有的是摘自原句。例如：

玩物丧志——玩人丧德，玩物丧志。　　　　　　　　　　（《尚书》）
专心致志——其一人专心致志，惟弈秋之为听……　　　（《孟子》）

有的是减字浓缩。例如：

舍生取义——生,亦我所欲也;义,亦我所欲也。二者不可得兼,
舍生而取义者也。　　　　　　　　　　　　　　(《孟子》)
一日千里——骐骥骅骝,一日而驰千里。　　　　(《庄子》)

有的是合并概括。例如:

鞭长莫及——虽鞭之长,不及马腹。　　　　　　(《左传》)
扑朔迷离——雄兔脚扑朔,雌兔眼迷离。　(古乐府《木兰辞》)

来自诗文的成语大多出自古代,也有来自现代作品的,如"精兵简政、人定胜天、多快好省、独立自主、一穷二白"等。

4．口头俗语

有极少量成语来自民间俗语,先在口头使用,再以书面形式流传,如"鸡毛蒜皮、说三道四、七嘴八舌、呆头呆脑、一干二净、笑里藏刀"等。

(三) 成语的构造

成语结构整齐,四字成语占了绝大多数,其他字数的也有,如"莫须有、坐山观虎斗、听其言观其行、身在曹营心在汉、项庄舞剑意在沛公"等。

四字格成语的主要结构类型有:

联合式:争分夺秒　同甘共苦　青红皂白　生杀予夺
主谓式:木已成舟　声情并茂　枯木逢春　百感交集
动宾式:包罗万象　沁人心脾　别具一格　投其所好
偏正式:一衣带水　不速之客　斤斤计较　摇摇欲坠
补充式:疲于奔命　毁于一旦　稳如泰山　守口如瓶
兼语式:请君入瓮　令人生畏　指鹿为马　惹火烧身

(四) 成语的运用

成语形象生动,可使语言色彩鲜明;言简意赅,可使表达简洁明快;形式严整,可使音律和谐。恰当地运用成语可以收到很好的表达效果。例如:

这个看似弱不禁风的"老太太"办起事来雷厉风行,一上任就

对人事、经营管理制度进行了大刀阔斧的改革，使公司很快重整旗鼓，东山再起，令大家刮目相看。

用"弱不禁风"形容主人公的外在特征，用"雷厉风行、大刀阔斧"来比喻她的工作作风，用"重整旗鼓、东山再起"比喻她的工作成绩，用"刮目相看"形容外人对她的评价。语言鲜明形象、生动有力，富有节奏感。

二、惯用语

惯用语是指口语色彩浓的短小定型的习用短语，多为三字结构。例如：

动宾式：打哑谜　吹牛皮　倒胃口　撕破脸　走后门
　　　　碰钉子　穿小鞋　敲边鼓　乱弹琴　开倒车
偏正式：开场白　耳旁风　顶梁柱　挡箭牌　保护伞
　　　　眼中钉　满天飞　窝里斗　小算盘　替罪羊

少数惯用语是三个字以上的，如"八九不离十、吹胡子瞪眼、吃不了兜着走、打肿脸充胖子、有眼不识泰山"等。

与成语相比，惯用语通俗有趣，口语色彩浓，语义较为直白。一些动宾式的惯用语，中间可插入别的成分或改变语序，如"碰钉子"可以说"碰了一个钉子、碰了一个大钉子、碰了一个软钉子、碰了一个硬钉子、找钉子碰、没什么钉子可碰"。

三、歇后语

歇后语是由前后两部分组成的口头固定短语。前一部分像谜语里的"谜面"，后一部分像"谜底"，是整个短语的真意所在。在实际运用中，由于后一部分常常不说出来，所以叫"歇后语"。歇后语分前后两部分，这使它在形式上与成语、惯用语区分开来。

歇后语可分喻意型和谐音型两类。喻意歇后语的前一部分是比喻，后一部分是对比喻的解释。例如：

兔子尾巴——长不了（以事物的性状、形象作比）

竹篮子打水——一场空(以生活经验作比)
张果老骑毛驴——倒着走(以神话故事作比)
诸葛亮皱眉头——计上心来(以历史故事作比)
泥菩萨过河——自身难保(以想象的情景作比)

谐音歇后语的前一部分描述某种事物或现象,后一部分通过谐音双关来表示整个歇后语的实际意义。例如:

隔窗吹喇叭——鸣(名)声在外
孔夫子搬家——净是书(输)
和尚打伞——无发(法)无天
小葱拌豆腐——一青(清)二白
下雨出太阳——假晴(情)

歇后语风趣、幽默、形象,往往带有很强的生活气息,口语色彩浓厚。多出现在打趣的语境中,一般不出现在庄重严肃的场合。使用歇后语不宜过多过滥,否则会使语言表达显得油滑、不严肃。

复习与练习(六)

一、复习题

1. 什么是熟语?
2. 什么是成语?成语有哪些特征?
3. 什么是惯用语?它与成语的主要区别是什么?
4. 什么是歇后语?歇后语有哪些类型?歇后语在形式上与其他熟语有哪些区别?

二、练习题

1. 指出下列成语的结构。

攻无不克　骨肉相连　喋喋不休　令人发指
井底之蛙　风雨飘摇　平分秋色　众志成城
三番五次　危在旦夕　突飞猛进　附庸风雅

2. 解释下列成语。

大放厥词　习焉不察　扬汤止沸　防微杜渐

功败垂成　党同伐异　摧枯拉朽　文过饰非
沐猴而冠　不刊之论　救死扶伤　春华秋实
3. 改正下列成语中的错别字。
好高鹜远　磬竹难书　饮鸠止渴　直接了当
装腔做势　披星带月　容光涣发　断章取意
鼓惑人心　不骄不燥　既往不究　穿流不息
4. 为下列成语找到对应的惯用语。
阿谀逢迎　充耳不闻　徒有虚名
夜以继日　一丘之貉　偃旗息鼓

【课程延伸内容】

谚语

谚语是民间流传的、通俗易懂而又含义深刻的固定语句。跟成语、惯用语、歇后语不同，谚语在形式上是简短的句子。但它又不是一般的句子，不能随意改变其成分，一般当作一个整体引用，所以也可以把它看作是词汇的成员。

谚语往往是人们长期以来对生产、生活经验的高度概括和总结。例如：

无风起横浪，三天台风降。
朝霞不出门，晚霞行千里。
蜘蛛结网天放晴。　　　　　　（气象谚语）
春送千担肥，秋收万斤粮。
麦怕清明连夜雨。
瑞雪兆丰年。　　　　　　　　（农业谚语）
有钱难买老来瘦。
饭后百步走，活到九十九。
冬吃萝卜夏吃姜。　　　　　　（生活谚语）
若要人不知，除非己莫为。

常在河边走,哪有不湿鞋。
好汉不吃眼前亏。　　　　　　　　(处世谚语)
刀不磨要生锈,人不学要落后。
世上无难事,只怕有心人。
狭路相逢勇者胜。　　　　　　　　(励志谚语)

谚语大多具有说理的精辟性,"以片言明百意",把抽象的概念寓于具体的形象之中,言浅意深。谚语多来自民间,通俗易懂,口语色彩较浓,与成语的书面语色彩形成鲜明的对比,在表达大体相同的意思时,常常各有各的表达方式。例如:

饮水思源——吃水不忘挖井人
众志成城——众人拾柴火焰高
见异思迁——这山望着那山高
直截了当——打开天窗说亮话
吹毛求疵——鸡蛋里挑骨头

思考与讨论

找出五对意思相同或相近的成语和谚语,并谈谈二者之间的区别。

第七节　词汇的发展变化和规范

一、词汇的发展变化

随着社会的发展、时代的变迁、观念的改变,词汇也在不断发展变化,主要包括新词的产生、旧词的消亡和词义的演变。

(一) 新词的产生

新词是随着社会的发展而不断创造出来的词。新事物的不断出现,新认识、新观念的不断形成,促使新词不断产生,以满足交际的需要。

新词的产生主要有以下几种方式。

1. 用汉语原有的语素和构词方式创造新词。这样产生的新词大多是复合式的。例如：

视频　水货　散户　主页　快递　下架
网络　整合　评估　点击　登录　空港
保鲜　上市　揭秘　搞笑　融资　网购
激活　理顺　走红　刷新　盘活　绑定

也有用定位语素构成新词的，类似附加式那样。例如：

～化：类化、量化、净化、全球化

～族：蚁族、上班族、追星族、工薪族

～奴：房奴、卡奴、车奴、孩奴

超～：超音速、超负荷、超链接、超一流

软～：软包装、软着陆、软广告、软饮料

零～：零距离、零风险、零差评、零增长

2. 使用缩略方式创造新词。例如：

航拍　车险　房改　家装　考研　春运
三农　城管　环保　减排　漫展　早教

多音节的新词语往往会减缩为双音节的，如"非典型性肺炎—非典""高速铁路—高铁"等。

3. 吸收方言词和外来词。例如：

忽悠　　外公　　卖点　　牛腩　　垫补　　节骨眼
买单　　穿帮　　聒噪　　米线　　碰瓷　　靓女
克隆　　黑客　　卡通　　的士　　宅男　　达人
KPI　　 AI　　 3D　　 pH值　　Q版　　 IP地址

旧词产生新义，也可以看作是广义的新词。例如：

病毒（新义：计算机病毒）

充电（新义：比喻通过学习补充知识、提高技能等）

联姻（新义：比喻双方或多方联合或合作）

下课（新义：辞职或被撤换）

新词刚出现时,会让人产生新鲜感,但有的随着使用频率的提高,也就慢慢进入一般词汇了。

(二) 旧词的消亡

随着社会的发展变化,一些词的使用范围缩小了,使用频率大大降低,有的甚至逐渐消亡。例如:

登基　驾崩　科举　门客　隐几　垂髫

上面这些词语,随着它们所代表的旧事物、旧现象的消失,它们逐渐从日常交际生活中消失,成了历史词。

洋火(火柴)　　火水(煤油)　　万牲园(动物园)
拘票(逮捕证)　邮差(邮递员)　原子笔(圆珠笔)
德律风(电话)　水门汀(水泥)　赛因斯(科学)

上面这些词语,它们所表示的事物、现象依然存在,但换用了新的说法,这些词在普通话中不再使用了。

随着社会的变化,某些曾经消亡的词也有可能重新复活。例如:

大户　彩票　股份　大亨　当铺
太太　股票　艺人　夜总会　交易所

(三) 词义的演变

词义演变的途径主要有下列几种。

1. 词义的扩大

词所概括的对象、范围扩大。例如:

"布",原指"麻布",现指"用麻、棉等各种纤维织成的布"。

"响",原指"回声",现指"声音"或"发出声音"。

"包装"原指"用纸、盒等把商品包起来"或"包裹商品的东西",现还指"企业、演员等的形象塑造"。

"水分"原指"物体内所含的水",现还指"某一情况中夹杂着不真实的成分"。

2. 词义的缩小

词所概括的对象、范围缩小。例如：

"报复"，原指"报恩"或"报怨"，现指"报怨"。

"勾当"，原指"事情"，现指"坏的事情"。

"批评"，原指"指出优点和缺点；评论好坏"，现指"对缺点和错误提出意见"。

"丈人"，原指"对老年男子的尊称"，现指"岳父"。

3. 词义的转移

指称某种对象的词转而表示与之相关的另一种对象。例如：

"闻"，原指"用耳朵听"，转指"用鼻子辨别气味"。

"牺牲"，原指"为祭祀宰杀的牲畜"，转指"为了正义的目的舍弃自己的生命"或"放弃或损害一方的利益"。

"行李"，原指"出使的使者"，转指"出行所带的东西"。

此外，词义的转移也包括感情色彩的转移。例如：

"下流"，原指"地位低下或指处境不好"，为中性色彩；后指"品德恶劣"，转为贬义。

"爪牙"，原指"勇士、卫士"，也形容"勇武"，具有褒义色彩；后指"党羽、帮凶"，转为贬义。

二、词汇的规范

词汇的规范工作主要从两个方面进行：一是维护词语的既有规范，避免生造词语或用错已有的词语；二是对普通话中古语词、方言词、外来词等的吸收与使用进行规范，规范时应该考虑必要性（该词在普通话词汇中是必不可少的）、明确性（该词的意义是明确的）和普遍性（该词在社会中是普遍使用的）。

（一）古语词的规范

吸收古语词，应该吸收那些表现力强或适应特殊场合需要的词，如"景仰、英明、哀悼、状元"等。要避免吸收那些没有生命力的词语，如"宴飨(古代帝王饮宴群臣)、巉岩(高峻的山石)、薨(君主时代称诸侯或大官的死)、魑魅(传说中指山林里能害人的妖怪)、龆龀(儿童、童年)"等。也要避免滥用古语词,否则会令人费解或使语言风格显得不伦不类。例如:

① 刚来广州上学的时候,常常在梦中回到我的桑梓。

② "不敢,不敢,如果小姐不方便,不佞就不叨扰了。"

例①的"桑梓"令人费解,应改为"家乡"。例②的"不佞"表示谦称,用在口语中不伦不类,应改为"我"。

(二)方言词的规范

在语言运用中,为了体现地方特色、突出人物个性,可以适当地使用方言词来增强表现力。如东北方言中的"忽悠"一词有"设圈套、欺骗、吹牛、煽动、戏弄"等义,普通话中没有对应的词,因此把它吸收进了普通话词汇中。但方言词不能随意吸收,以下方言词就不宜吸收。例如:

晨光(时候)　　左凑(迁就)
老窦(爸爸)　　讲数(谈判、谈条件)

"晨光、左凑"是吴方言词,"老窦、讲数"是粤方言词,这些词在普通话词汇中已有习用的同义词,吸收它们会造成语言交际的障碍和混乱。

(三)外来词的规范

外来词的吸收和使用要注意以下几点:

1. 在意译词和音译词并存的情况下,最好使用意译词。如"公共汽车——巴士""激光——镭射""青霉素——盘尼西林"应该选择前者,不用后者。

2. 音译词应尽量音义兼顾。如"可口可乐、香槟、黑客、蹦极"等,它们更符合汉民族具象思维的特点,因此易于接受。

3. 外来词的汉字书写形式应统一。如"奥地利"写成"澳大利","艾滋病"写成"爱滋病","普希金"写成"普式庚","奥巴马"写成"欧巴马"等,这些写法需要加以规范。

此外,对于现在层出不穷的新词也需要进行规范。新词能够敏感地反映社会的发展变化,但刚产生时,它们的使用范围往往较小,能不能生存下去要由社会语言生活的考验结果来决定。只有能够通行开来并固定下来的新词,才真正进入了现代汉语词汇系统。

复习与练习(七)

一、复习题

1. 词义的发展变化主要表现在哪些方面?请举例说明。
2. 新词的产生方式有哪几种?请举例说明。
3. 新词的规范应注意哪几个方面的问题?

二、练习题

1. 请指出下列新词的产生方式。

   超编　创汇　笑星　面的　爆棚　中巴　三通
   超生　男士　国手　大龄　身份证　短平快　合同工
   纯净水　艾滋病　汉堡包　可塑性　程序化　忑

2. 查检《汉语大词典》,指出下列各词的意义是怎么变化的。

   菜　江　走嘴　堡垒　爱人　收获　灌输

3. 下列各组译名应选用哪一个为好?为什么?

   (1) log out　　　　登出　　注销　　乐够　　罗欧
   (2) sandwich　　 三文治　三明治　三明次　桑明志
   (3) fans　　　　　 歌迷　　粉丝　　凡丝　　繁思
   (4) fashion show　花生骚　花生秀　华盛秀　时装表演
   (5) chocolate　　 巧克力　朱古力　巧格力　诸古力

4. 下面这些词,你觉得有没有必要把它们吸收到普通话词汇里?哪些是没有必要的?为什么?

   (1) 家私(家具)　　　　　(2) 侃(闲谈、闲聊)
   (3) 二(傻、愣)　　　　　 (4) 抄手(馄饨)
   (5) 中(行、成、好)　　　(6) 日头(太阳)
   (7) 焗(一种烹调方法;因空气不流通而感到憋闷)
   (8) 洋芋(马铃薯)

5. 说说你最近接触到的新词语,并跟同学们讨论这些新词语能否通行开来并进入现代汉语词汇系统。

【课程延伸内容】

词典和字典

作为工具书,不同的词典、字典具有不同的性质和功用,对于学习现代汉语来说,主要有两类值得注意:一类是语文词典、字典,主要收录汉语中的一般字词,并注音释义;另一类是百科词典,收录各学科、各领域基本的、重要的事实和概念,并给以简明的解释,如《辞海》《中国大百科全书》等。常用的词典、字典有:

1.《新华字典》 该字典注音准确,释义简明扼要。收单字13000多个(包括繁体字、异体字),收带注解的词语3300余条。《新华字典》由新华辞书社编纂,1953年由人民教育出版社出版,后改由商务印书馆出版。《新华字典》最初按部首编排,1959年后改为音序排列,是新中国成立后第一部按《汉语拼音方案》音序排列的字典。2020年出版了第12版。

2.《现代汉语词典》 该词典按音序排列,查检方便,释义准确,是我国第一部规范型汉语词典。它由中国社会科学院语言研究所词典编辑室编纂,始编于1958年,1978年由商务印书馆出版。到2016年已出版了7版。第7版收词69000多条,注意增收新词,删除旧版中陈旧和见词明义的词语,进一步规范了字音、字形。

3.《汉语大字典》 该字典按200个部首编排,是解释形音义比较完备的大型汉语字典。第1版由四川辞书出版社、湖北辞书出版社出版,全书八卷,1990年出版。第2版共九卷,由四川辞书出版社、崇文书局于2010年出版,收单字60000多个。

4.《汉语大词典》 该词典按200个部首编排,释义较为完备,引证比较充分,是一部大型语文词典。该词典共13卷(包括《附录·索引》一卷),收词37万余条,由汉语大词典出版社出版,1993年出齐。

2005年起，汉语大词典编纂处组织人员对《汉语大词典》全书进行通读、整理，编写了《汉语大词典订补》，由上海辞书出版社在2010年出版。2012年启动第2版修订工作。2019年起陆续分册出版。

5.《辞源》 旧版《辞源》1915年由商务印书馆出版。1983年出版的新版《辞源》，以收历史词语为主。收录内容一般止于1840年以前的古代汉语的一般词语和成语典故，兼收各种术语、人名、地名、书名等。全书用繁体字，专于求本，重在溯源。2015年出版第3版，收复音词92000多个，收字头14200多个。

6.《辞海》 旧版《辞海》1936年由中华书局出版。新版《辞海》1979年由上海辞书出版社出版，正文按250部首排列，是一部兼收语文词语和科学名词术语的综合性百科词典。2009年第6版改按拼音音序排列。2019年出版第7版，总条目近13万条。

7.《中国大百科全书》 该书1978年由中国大百科全书总编辑委员会和中国大百科全书出版社组织编纂，分科出版，1993年出齐。2009年出版第2版，收约6万个条目，约3万幅插图，约1000幅综合地图。第2版在编排上遵循当代世界各国编纂百科全书的通行做法，条目按音序排列。2022年第3版网络版上线发布，总条目约50万条。

此外，还有各种同义词词典，反义词词典，新词词典以及成语、惯用语、歇后语词典等。

后　记

　　我与"现代汉语"有缘。1951年于中山大学研究生毕业留校任教，王力、岑麒祥两位老师就分配我参加新课程"现代汉语"的教学工作。回忆我1946年在全国唯一的语言学系——中山大学语言学系读书，当时就没听说过哪个学校有"现代汉语"这门课，图书馆里也找不到这样名称的教材或讲义。当时向苏联学习，向"现代俄语"课程学习，一边上课，一边在系主任兼语法教研组组长王力先生的指导下，参加编写了第一部《现代汉语》讲义。至今六十余年，我的研究精力大都花在"现代汉语"课程和教材的建设上。

　　1954年我到北京大学中文系工作之后，王力先生安排我教汉语专业"现代汉语"课。他叫我把在中山大学跟几位老师合编的《现代汉语》讲义整理油印出来，之后给教育部拿去交流。后来，教育部指定北京大学、中山大学和山东大学三所大学制定全国高校"现代汉语"教学大纲，我有幸参加了周祖谟先生主持的这一教学大纲的讨论会。1958年调到兰州大学工作，我又带领部分师生根据这个大纲编出《现代汉语》讲义。到了我国改革开放开始时，我参加全国高校"现代汉语"协作教材会议，我和廖序东被推举为"现代汉语"教材(第一方案)的正副主编，主持编出《现代汉语》统编教材(后称"黄廖本")，也大体根据这个大纲。1979年出版，至今修订了九次，发行量达500多万部，三十多年来"黄廖本"长盛不衰，出乎我的意料！

　　有了"黄廖本"教材，为什么还要再编这部新编的《现代汉语》呢？首先是由于我对现有教材的质和量仍未满足，希望在新编的教材里，打破三十多年前旧框架的限制，试着实现我的教材改革的理想，其次是为了应中山大学中文系和北京大学出版社的诚邀，报答母校的培育之恩。以前主编的《现代汉语》教材以培养中文本科专业或语言研究者为主要目标,着重于语言学意义上的知识传授。现在教育形势发生变化,大学本科培养"通才"而非"专才",因而教材编写的思路必须转变。"现代汉语"课不仅要解释汉语,更应该是进行母语教育。对于我这把年纪来说,要实现新教材的编写设想而找个好班子,的确不是一件很容易的事。所幸的是,以母校的编写团队为骨干的编写班子很快组成,大家统一认识,形成合力,斯抵于成。在观点方面,他们贯彻我编教材的新主张,也提出不少跟"黄廖本"不同的新设想,我采用了不少。

可能有人问:"你推介《现代汉语》新编本,是不是不要旧本了?"

我说不是的。打个比方吧,有个老人有两个儿子,长子年过而立,已经闻名全国,且独占鳌头。幼子新生,也像长子幼年一样,需要多关照、呵护,也希望他长大以后像其兄长一样,为国家做出更大的贡献,甚至超过兄长,后来居上,也是常情。

经过两年多的努力,现在教材定稿出来了,这是一个新生事物,新生事物是否受欢迎需要由读者来评价,这要靠市场来检验。新编本《现代汉语》是否很理想呢?我个人认为,她是很不错的,不过也还有改进的空间,比如"课程延伸内容",延伸内容的量应该有多少,什么样的内容放在这里才合适,都有待教学实践的检验,然后不断地完善。

末了,我要感谢编写团队的所有成员,他们在编写过程中,听从指挥,全力投入,付出了艰苦的劳动。我要感谢我的母校中山大学和母系中文系领导,他们对本教材编写工作,给予了人力、财力、物力的全方位支持。可以说,母校母系是这一工程的基础平台。还要感谢北京大学出版社领导和王飙、杜若明两位先生的支持,他俩是高水平的专业人士,有他们参与编辑的工作,保证了本书质量。

这两年来,由于新旧两部教材的编写、修订工作同时进行,我经常对着电脑,不按时作息,大大干扰了老伴的休息。她见我比退休前还忙碌,担心我的健康,睡不好,夜半高声叫我休息。卧室离电脑室远,我因此买了个货郎鼓给她摇,以免她力竭声嘶。幸好后代都来帮我。三女儿绮仙成了我身边的秘书、保姆和守护人,远在兰州的小女儿薇薇也通过电邮帮我打字,第三代陈树强等三人也帮我制图、打字,减轻我的一部分负担。就这样,我的新编审改工作仍有不足,有些章节还未能细看。好在有中山大学、暨南大学以李炜教授为首的中青年博士们,他们年富力强,在新编交稿前苦战了近百个昼夜,使本教材保质保量,如期出版。

在此,我对以上帮助我完成工作的领导、编者、朋友和亲人表示衷心的感谢!

黄伯荣

2012年2月

北京大学出版社语言学教材方阵

博雅21世纪汉语言专业规划教材：专业基础教材系列

现代汉语（上）　黄伯荣、李炜主编

现代汉语（下）　黄伯荣、李炜主编

现代汉语学习参考　黄伯荣、李炜主编

语言学纲要（修订版）　叶蜚声、徐通锵著，王洪君、李娟修订

语言学纲要（修订版）学习指导书　王洪君等编著

语言学概论　陈保亚、杜兆金著

古代汉语（上）　张联荣、刘子瑜、赵彤编著

古代汉语（下）　张联荣、刘子瑜、赵彤编著

古代汉语　邵永海主编（即出）

古代汉语阅读文选　邵永海主编（即出）

古代汉语常识　邵永海主编（即出）

博雅21世纪汉语言专业规划教材：专业方向基础教材系列

语音学教程（增订版）　林焘、王理嘉著，王韫佳、王理嘉增订

实验语音学基础教程　孔江平编著

现代汉语词汇学教程　周荐著

简明实用汉语语法教程（第二版）　马真著

当代语法学教程　熊仲儒著

修辞学教程（修订版）　陈汝东著

汉语方言学基础教程　李小凡、项梦冰编著，项梦冰修订

语义学教程　叶文曦著

新编语义学概要（修订版）　伍谦光编著

语用学教程(第二版)　索振羽编著
语言类型学教程(第二版)　金立鑫、陆丙甫主编
新编社会语言学概论　祝畹瑾主编
计算语言学教程　詹卫东编著(即出)
音韵学教程(第五版)　唐作藩著
音韵学教程学习指导书　唐作藩、邱克威编著
训诂学教程(第三版)　许威汉著
校勘学教程　管锡华著
文字学教程　喻遂生著
汉字学教程　罗卫东编著(即出)
文化语言学教程　戴昭铭著(即出)
历史句法学教程　董秀芳著(即出)
汉语韵律语法教程　冯胜利、王丽娟著

博雅21世纪汉语言专业规划教材：专题研究教材系列

现代汉语语法研究教程(第五版)　陆俭明著
汉语语法专题研究(增订版)　邵敬敏等著
现代汉语词汇(重排本)　符淮青著
新编语用学概论　何自然、冉永平编著
现代实用汉语修辞(修订版)　李庆荣编著
汉语语音史教程　唐作藩著
近代汉语研究概要　蒋绍愚著
汉语白话史　徐时仪著
说文解字通论　黄天树著
实验语音学概要(增订版)　鲍怀翘、林茂灿主编
语法分布描写方法与案例　金立鑫编著
外国语言学简史　李娟编著(即出)
甲骨文选读　喻遂生编著(即出)

商周金文选读　喻遂生编著(即出)

汉语语音史教程(第二版)　唐作藩著

音韵学讲义　丁邦新著

音韵学答问　丁邦新著

博雅西方语言学教材名著系列

语言引论(第八版中译本)　弗罗姆·金等著,沈家煊等译

语音学教程(第七版中译本)
　　　　　　　　　　彼得·赖福吉等著,张维佳、田飞洋译

语音学教程(第七版影印本)　彼得·赖福吉等著

方言学教程(第二版中译本)　J.K.钱伯斯等著,吴可颖译

构式语法教程(影印本)　马丁·休伯特著

构式语法教程(中译本)　马丁·休伯特著,张国华译